Ernst Burren
Schneewauzer

Ernst Burren
Schneewauzer
Mundarterzählung
Zytglogge

Die Stiftung PRO HELVETIA ermöglichte mir die Arbeit an dieser Erzählung, wofür ich ihr herzlich danke. E. B.

Alle Rechte vorbehalten
Copyright by Zytglogge Verlag Bern, 1990
Lektorat: Willi Schmid
Umschlagbild: «Tanzlokal» von Arnold Brügger
Satz: Zytglogge Verlag Bern und Bonn
Druck: Franz Spiegel Buch GmbH, Ulm
ISBN 3-7296-0357-4

Zytglogge Verlag Bern, Eigerweg 16, CH-3073 Gümligen
Zytglogge Verlag Bonn, Cäsariusstraße 18, D-5300 Bonn 2
Zytglogge Verlag Wien, Strozzigasse 14-16, A-1080 Wien

I bi gschpannt, was Fontanas de wärde mache. Dr Claudio meint, me sött ganz e grossi Sach ufzieh. Immerhin gits nöchschte Merz sim Vater sis Bougschäft sit vierzg Johr. Und son es Jubiläum mues doch gfiiret wärde.

S het mi gfröit, dass i geschter z obe ha dörfe drbi si. Am Daniele sini drü Ching, dr Claudio, s Gabi und s Tanja hei mi mit em Ritter Ruedi umd em Zuffi Wauter iglade zunere Beschprächig. Mir hei drüber gret, wie das Fescht öppe chönnti usgseh.
   Leider het s Gerda wider einisch eso Migräne gha, dass äs nit zu üs i Garte het chönne cho.
   S het mi echlei verwungeret, dass me mi ou het wöue drbi ha. I bi jo eigentlich nume mit em Gerda, em Daniele sir Frou, befründet. Mit ihm han i nie vüu Kontakt gha. Wenn i go go putze und d Wösch mache amene Fritig, isch är säute deheim. Ou nid übere Mittag. Är isch haut immer imene Schtress mit sim Bougschäft.
   Jetze heig är jo wit über hundert Angeschtöuti. Das git äuä scho vüu Arbeit für ihn aus Chef. Und är isch jetze haut doch ou scho über 72.
   Kei Mönsch weiss, wies mit dämm Gschäft einisch witergeit, wenn är nümme do isch.
   Dr Claudio chunnt gar nit mit em us. Är isch haut Journalischt, und so vüu im Usland, dass är gar nit weiss, was i dr Firma vo sim Vater geit.

Aus Gymeler han i dr Claudio gäng gärn gha. Är isch mr vüu cho häufe Kommissione mache. E Zitlang het är aube sogar wöue sini Hemli säuber glette.

S Gabi und s Tanja hei dr Huushautig nie vüu drno gfrogt. Villecht hätt haut s Gerda die Meitli echlei besser söue noche nä.

S Tanja het gseit, dr Vater schpili gäng no jedi Wuche zwe drei Schtung Tennis i ihrem Center. Dä göngi immer no uf jede Bau.

Ihre Fründ, dr Peter, schpili öppe aube mit em. Är heigi ou gseit, dä Ma sig es Phenomen. Dä wärdi hundert Johr aut, wenn är witer so vüu machi für si Fitness.

Dr Zuffi het verzöut, wie si aus jung, und de aube ou no bi de Seniore, mitnang gschuttet heige. Scho denn heigi gäng aues gschtuunet über em Daniele si Lunge. No mit füfzgi heigi dä möge umeschpringe wie ne junge Bursch. Wenn dr Daniele technisch nume echlei besser wär gsi, hätt är bimene grosse Club chönne Karriere mache.

Aber furtgange wär dä äuä nie. Das het ihm doch do immer gfaue. Im Dorf hei ne aui kennt, und Fröid anem gha, wenn är sini Schprüch gmacht het, oder het e Witz verzöut.

So isch es jo ou gsi, won är s Gerda het glehrt kenne. Das isch einisch nach em Theater vom Turnverein passiert. S Gerda und i hei eigentlich hei wöue, wüu üs d Tanzmusig nit gfaue het. Plötzlich hocket dä Daniele zu üs. I ha sofort gmerkt, dass das am Gerda passt. Är het so luschtigs Züg verzöut, dass mir dr ganz Obe nume no glachet hei. Zum Tanze si mr gar nümme rächt cho.

Nach paar Tag het s Gerda gseit, dr Daniele sig jetze jede Obe bi ihne gsi. De Öutere sig das rächt und si heig ne ou gärn. Mi het das no verwungeret. Tanners hei doch süsch immer öppis Bessers wöue si. Am Daniele si Vater het sich jo denn noni ikouft gha.

Dr Daniele heig scho am zwöite Obe vom Hürote gret. Und nach emene Johr hei si jo de ou müesse.

S Gerda isch denn glücklich gsi, wo äs mit em Daniele zur Chüuche uscho isch, und zwüsche de Schütteler i de rote Libli und de wisse Hose het chönne düreloufe.

Dr Daniele het de Lüt gwunke, und de Ching Täfeli ane gschosse.

Wenn äs denn aube von em gret het, het äs immer gseit, dr Daniele heigi eifach so schöni Häng. Das sig ihm denn scho am Theater vom Turnverein ufgfaue.

Dr Zuffi het gseit, si heige jetze wider e nüie Chow-Chow. Das sige eifach sini liebschte Hüng, und dr Schinu sigi jetze scho dr dritt.

Dr Tod vom erschte sigi vüu tschuud gsi, dass ihn denn d Frou heigi verlo. Die Renat isch ohni dä Pumai eifach nümme z rächt cho. Si heigi gseit, si sigi so a dämm Hung ghanget, dass ihre jetze eifach aues fähli.

Amene Sunndig hei si dä Pumai müesse lo ischlöfe, wüus ne eso bläit gha het, und vierzäh Tag schpöter isch d Renat ou furtgloffe.

Ehrlich gseit, het dr Zuffi eso gmacht, är dänki jetze ou meh a Pumai zrugg aus a d Renat.

S Reschtaurant i ihrem Center sig haut z chli für das Firmejubiläum, het s Tanja gseit. Und wenn me Tische würdi uf Tennisplätz use schtöue, wärs äuä ou nid eso gmüetlich. Zum Tanze wärs de sowiso problematisch, wüu si Sangplätz hei.

Dr Claudio het gseit, wenn mir nume die wichtigschte Lüt us em Fründes- und Bekanntekreis vom Papa wei ilade, git das sofort zwöi drühundert Lüt, und de wär dr Sau im «Ochse» ou z chli. Villecht müessi me haut glich dra dänke, das Fescht uswärts z fiire, obwou me natürlich lieber e Wirt vo do würdi berücksichtige.

Schad het s Gerda nid ou chönne drbi si. Äs hätti jo villecht no zerscht gwüsst, wo dr Daniele dä Alass am liebschte würdi gseh.

Villecht het d Hitz ou e Roue gschpüut, dass es ihm nächti so schlächt gange isch. Mir hei jetze Ändi Juni, und de chas haut so tüpig wärde.

Unger Umschtände chönnt me öppis ungernäh i dr Oula vo ihrem Schueuhuus, het s Gabi gseit. Das wär e schöne grosse Ruum, und de chönnt me ou no d Pousehaue bruche zum Aperitif.

Aber mit dämm Vorschlag isch niemer iverschtange gsi.

Das gsuch jo us, wie wenn mir wette Gäut schpare, het dr Claudio gmeint.

Dr Ritter Ruedi het gseit, so Lokau für privati Fescht gäbs gäng zweni.

Dä Ruedi het jetz ou schlächt usgseh. Sicher isch ihm dr Todestag vo sir Frou, dr Monika, noch gange. Dä sig letschti Wuche gsi.

Är het klagt über sini Schüeuer am Gymnasium. Är heigi i zwene Klasse es paar, wo ihn mit ihrem Benäh fasch wahnsinnig machi.

S Gabi het gseit, das verwungeri ihns, dass si im Gymnasium ou disziplinarischi Problem heige. Äs hätti jetze dänkt, das sigi meh bi ihne i dr Primarschueu dr Fau. Do gäbis mängisch haut Ching, wo vo deheime so verwahrlost si, dass me ne eifach immer wider müessi bibringe, wie me sich z benäh heigi.

Mir hei rächt müesse lache, wo s Gabi die Gschicht mit dämm Bibeli het verzöut.

Äs het gseit, die Kollegin näbe ihm heig im Schueuzimmer jungi Bibeli gha. Eis vo dene sig de son es schwachs gsi, dass d Schüeuer und d Lehrerin heige überleit, wie me das ächt chönnti erlöse.

D Buebe heis wöue a d Wang schiesse. Das sig aber dr Lehrerin und de Meitli z brutau gsi.

Es Meitli het de vorgschlage, me chönntis imene Chessu ersöife.

Uf das isch d Lehrerin igange. Die Ching hei de ne Chessu gno, und das Bibeli abetouchet. Aber wüus ne de glich leid to het, hei sis immer wider zum Wasser usgno.

Schliesslich sig ou no dr Inschpäkter drzue cho. Är heig dämm Schpili zuegluegt, und ou är heig mit dämm Bibeli furchtbar Erbarme gha.

Ändlich sigs de aber gschtorbe.

Im Dorf heigs wäge dere Bibeligschicht e grossi Ufregig gä. Vor auem d Öutere heige sich gfrogt, was das eigentlich für ne komischi Lehrerin sig.

Ou dr Inschpäkter heig ihre de schpöter gseit, är sigi eigentlich vo dere Sach scho echlei komisch berüert gsi.

D Lehrerin het sich bi de Öutere mit emene zwe sitige Brief entschuudiget. Si geit jetze nach Kenja.

E Kolleg heig gseit, hoffentlich gits dört keini schwachi Bibeli.

Vo dämm Firmejubiläum wott me am Daniele erscht öppis säge, wenn me dr ganz Ablouf binang het.

Geschter z obe isch är anere Sitzig gsi i dr Schtadt. Drumm hei die drü Ching die Glägeheit wöue benütze, mit üs die ganzi Sach afe echlei z Fade z schlo.

Schad mues die Fiir im nöchschte Merz über d Bühni, han i gseit.

Süsch hätt me doch uf em Thuner- oder Bielersee chönne es Schiff miete, und dört druff feschte.

Aber s Tanja het gmeint, das giengti sowiso nit. Mir bruchi haut schon e grosse Sau. Öpper sötti doch die vierzg Johr vo dere Firma echlei schüudere.

Dr Ruedi het sich de zur Verfüegig gschtöut. Är het gseit, är göngi dere Sach noche, und probieri e Tonbüudschou zämezschtöue vo de Afäng bis zum hüttige Tag.

Do sige sicher öppe Fotone ume vo Bouschtöue, vo Angeschtöute, und natürlich ou vom Gründer Fontana. Und de chönnti ihm dr Daniele jo einisch verzöue, wie sich das entwicklet het.

I gloube, s Gerda het sich nie fescht intressiert für ihres Gschäft. Wo d Ching no chli gsi si, het äs haut süsch gnue z tue gha.

Wie lang isch das ächt här, sits mi het gfrogt, öb i nem chiem cho putze und d Wösch mache.

Das mues über zwänzg Johr si. Dr Claudio isch jetze 43. Dä isch denn no im Gymnasium gsi, s Gabi is Seminar und s Tanja het e Bürolehr gmacht.

Villecht isch das sogar scho 25 Johr, dass i jedi Wuche einisch zu Fontanas go.

I mues säge, i bi mi nie rüiig gsi, dass i das gmacht ha. Wägem Gäut hätte mirs nid unbedingt nötig gha. Dr Hans het jo aus koufmännische Angeschtöute immer e rächte Lohn gha.

Üsi Buebe, die si denn dänk öppe i die dritti und füifti Klass, heis zerscht nit rächt chönne begriffe, dass i zu öpperem angers ou no bi go schaffe. Aber won ne de erklärt ha, die Frou Fontana sigi haut vüu chrank, und sigi froh, wenn si öpper heig, won ere echlei zuelosi, hei sis de ou verschtange.

S Tanja und dr Claudio hei über ihre Bruef gret. S Tanja het bhouptet, das was äs i dämm Tenniscenter machi, das sigi im Grund gno öppis Simpus, und äs chönnti dür vüu angeri Froue ersetzt wärde. Aber so wie dr Claudio über d Problem vo angerne Länder schribi, das sigi doch öppis ganz Bsungers. Die Begabig heige nit vüu Journalischte.

Dr Claudio het nit wöue lo gäute, dass är öppis Sinnvouers machi aus äs aus Leitere vomene Tenniscenter. Är chönni jo nume Tatsache darschtöue, und öppen en eigete Gedanke drzueschribe, das sigi doch aues. Und sini Brichte wärdi jo gar nit so vo vüune Lüt gläse.

Aber s Tanja het gseit, lang machi äs das äuä nümme, äs bruchi e nüii Useforderig.

Dr Claudio het verzöut, was är afangs Juni z Peking heig erläbt, sigi unerträglich gsi.

Einisch heig är sogar müesse zueluege, wie Panzer Schtudänte überfahre hei.

S Tanja het gseit, gsesch, du bisch immer dört, wo d Wäutgschicht passiert. Bi üs im Center louft jede Tag immer s Gliche ab. Aber i wirde nöchschtens schon e angere Wäg finge, für zu dämm Tramp uszcho, ou wenns haut de Problem git mit em Peter. Dä het äuä de scho nid eso Fröid, wenn är das Gschäft elleini mues leite.

Dr Claudio isch gäng dr gebornig Journalischt gsi. Är het scho im Gymnasium über aues mögliche gschribe.

Einisch isch är mit sim Velo sogar über Italie bis nach Rumänie gfahre. Uf em Päckträger het är imene Plastiksack nume dr Pass und es paar Büecher mitgno.

Är het grad nächti wider verzöut, was är atroffe het, won är mitts i dr Nacht isch a die rumänischi Gränze cho.

Donau isch mit ere Fluetliechtalag überwacht worde. Är isch Richtig Gränzübergang gfahre. Plötzlich gseht är, wie öpper e Taschelampe schwänkt. Är hautet a. Und scho züntet ihm e jugoslawische Gränzwächter mit dr Taschelampe is Gsicht.

Dä Gränzwächter het dr Pass verlangt, dr anger näbedra het d Maschinepischtole entsicheret.

Dr eint het dr Pass immer wider lo gheie, so närvös isch är gsi.

Plötzlich gseht dr Claudio ou no dr gross Schäferhung, wo die zwe hei bi sich gha.

Wo dr eint Gränzwächter d Taschelampe gschwänkt het, schtöh drei Persone im Toucherazug dört. Die si no ganz nass gsi. Es si Oschtdütschi gsi, wo vo Rumänie nach Jugoslawie si gflüchtet. Vo dört hei si de witer wöue nach Italie, oder villecht nach Öschtrich oder Griecheland.

Zerscht heige die Gränzwächter gmeint, dr Claudio ghöri ou zu dene, und wöui ne cho häufe. Drumm sige si äuä ou so närvös gsi.

Dr Claudio het gseit, wenn är nit hätti aghaute, eifach eso über d Gränze gfahre wär, hätte die ne sicher abegschosse.

I chönnt em Claudio schtungelang zuelose, wenn är eso verzöut vo frömde Länder.

S Gabi het mr zwar öppe scho gseit, äs gloub em nid aues. Dä heigi e gueti Fantasie, und blöffi äuä hie und do echlei mit sine Erläbnis.

S Gerda het mängisch Angscht um ne. Äs seit gäng, dä mischt sich sicher einisch amene Ort i öppis i, wo ne nüt ageit, und chunnt de no um drwäge.

Dass är mit em Daniele sim Bougschäft nüt wott z tue ha, isch scho gli entschide gsi. Und ihm sigs eigentlich ou glich, wenn niemer vo dr Familie i dr Firma schaffi.

Dr Claudio het em Tanja gseit, äs söu doch dä Fäuer nit mache, und sim Fründ im Center drvoloufe. Das sig doch ideau, wenn me mit öpperem dr ganz Tag chönni zäme si und öppis ufboue. Är würdis schetze, wenn är meh Zit hätt für si Fründin Silvia z Züri, won är letschte Winter heig glehrt kenne.

S Gerda liidet echlei drunger, dass äs äuä nie Grossmuetter wird.

Die bede Meitli si jetze z aut für no Ching z ha, und

dr Claudio seit, wenn är glich gäng furt sigi, wäri das unverantwortlich, es Ching ufzschtöue. Überhoupt sig är jetze 43, und es Ching ufzieh, heig ihn nie intressiert.

S Gabi het vorgschlage, me sötti aui Arbeiter und Angeschtöute ilade, wo einisch im Bougschäft gschaffet hei. Aber dr Zuffi het gseit, vüu Schwizer heige nie bim Daniele gschaffet. Und d Usländer, aui die Italiäner, Jugoslawe und Schpanier, sige doch die meischte wider zruggange, und hätte äuä keis grosses Inträsse, nume für ei Tag wider i d Schwiz z cho.

Dr Ritter Ruedi isch lang mit em Gabi im Gartehüsli ghocket. S Gerda het Fröid, dass das Gabi jetze eso nes schöns Verhäutnis het mit em Ruedi sim Sohn, em Michel. Är sig zwar erscht 25, auso sächzäh Johr jünger, aber s Gerda meint, das sigi kei Grund, dass es die zwöi nid es paar Johr chönni schön ha zäme.
    Problematisch wärdis dänk de erscht, wenn dr Michel villecht einisch wöui Ching ha.
    S Gabi isch ganz e fiine Mönsch. Und schints e wunderbari Lehrerin. S Gerda het gseit, äs läbi ganz für dä Bruef.
    Vo dene drü Ching isch s Gabi das, wo i de letschte Johr dr Muetter am meischte drno gfrogt het. Wenns em Gerda schlächt gange isch, isch äs fasch jede Tag go luege, was d Muetter macht.

S Gerda het mängisch sogar fasch Angscht, äs luegi zweni zu sich, und sorgi sich nume gäng für anger Lüt.

Es isch e nachdänkliche Mönsch, das Gabi, aber trotzdämm lachets ou gärn. Wo dr Ruedi vo dr Beärdigung vomene Kolleg, emene Schriftschtöuer, het verzöut, hets fasch nümme chönne höre.

Dr Pfarrer sigi paar Tag vorhär vonere Aukohouentziehigskur heicho, und heig de aus erschti Arbeit die Beärdigung müesse vorbereite und abhaute.

Är isch zu dr Frou vo dämm verschtorbnig Schriftschtöuer hei. Die het dämm Pfarrer dr letscht Tagebuechitrag vo ihrem Ma zeigt. Dört drinn heig dä gschribe gha: Es hat tonnenweise Wespen im Garten. Dr Pfarrer heig de dä Satz dürgschtriche und verbesseret: einige Wespen.

Uf dr Kanzu heig är de gseit, i dere letschte Tagebuechnotiz sigi eigentlich aues enthaute, was dr Verschtorbnig i sim Läbe heigi bewegt. Nume d Vögu fähli. Är sigi doch e grosse Vogukenner gsi. Drumm heig de dr Pfarrer i d Chüuche use grüeft: Wenn an diesem Tage ein paar Vögel durch den Garten gezogen wären, hätte der liebe Verstorbene dies sicher auch noch erwähnt.

Dr Ruedi het gseit, schad het dä Kolleg das nid ou chönne ghöre, dä hätti das sicher ou ganz komisch dunkt.

I ha nie verno, a was em Ruedi si Frou, s Monika, eigentlich gschtorbe isch. Aber s Gerda weiss das ganz sicher. Äs het jo gäng es schöns Verhäutnis gha mit Ritters. Uf jede Fau isch das Monika denn schnäu wägg gsi. Und das mit erscht 53.

I dr letschte Zit faut mr überhoupt uf, dass es gäng öppe Todesazeige het vo Lüt im beschte Auter. Wenn öpper im Bruef immer im Schtress isch, macht haut de s Härz plötzlich nümme mit.

Dr Hans het rächt, wenn är aube seit, i blibe gschider e gwöhnliche Angeschtöute, und ha drfür dr Fride. Wenn i mi hätti wöue ufeschaffe, hätti villecht echlei meh verdienet. Drfür wär mr d Verantwortig dänk über e Chopf gwachse, dass i nid emou meh hätt chönne schlofe.

I ha dr Hans immer ungerschtützt i dere Meinig. Mir vieri hei schliesslich gnue gha zum Läbe. Grossi Schprüng hei mr mit em Hans sim Lohn nit chönne mache. Aber vo denn a, won i am Gerda bi go häufe, hei mr üs öppe das und dises chönne leischte, wo süsch nit möglich wär gsi. Und mi hets ou dunkt, äs schadi mr nüt, öppen einisch zu de vier Wäng uszcho.

Grad uf son e Obe wie nächti, wett i nit verzichte. Das si doch schliesslich aues intressanti Lüt, und me vernimmt gäng öppe s einte oder angere.

S Tanja het gmeint, äs wäri de öppe Zit, wenn me bi üs ume würdi Tagesschuele irichte. Äs kenni vüu Froue, wo übere Mittag gärn chiemte cho Tennisschpile. Das sig ne de aber nit möglich, wüu si wägem Ching hei müesse go choche.

S Gabi isch entsetzt gsi. Äs het gseit, äs heigi jetze grad e Bueb i dr Klass, wo elleini mit em Vater zäme läbi. Dämm si Muetter sigi vor zwöi Johr furt gange. Dr Vater chömi z Mittag nit hei. Jetze müessi dä säuber z Mittag choche und elleini ässe.

Dä Bueb liidi seelisch. Äs hoffi, dä landi einisch nid i dr Drogeszene wie si Schweschter.

Ebe, das wär doch jetze grad so e Fau für ne Tagesschueu, het s Tanja gmeint. Dämm giengtis doch sicher besser.

Aber dr Ruedi het de gseit, är begriffi eifach vüu Froue nümme. Är chönni nit verschtoh, dass die nit für nes paar Johr wöui deheime blibe, für sich ganz de Ching und em Ma z widme.

Wieso söue immer nume d Froue dr Bruef ufgä, und uf ihri Karriere verzichte, het s Tanja gseit. Das isch doch nid i dr Ornig. D Manne wei jo die Ching ou.

Äs git haut weni Brüef und Schtöue, wo me eifach für paar Johr cha usschtige, ohni dr Aschluss z verlüre, het dr Zuffi gseit.

Für d Froue ischs genau glich schwär, wenn si wider wei ischtige, het s Tanja gmacht.

Aber s Gabi het gseit, das wüssi doch jedi jungi Frou, wenn si hüroti, dass das guet wäri, wenn si ganz für d Ching chönnti do si. Äs sigi eifach truurig, wie die Ching müessi drunger liide, wüu s Mami aues angere im Chopf heigi. Imene Dorf sigi son e Tagesschueu nid am Platz.

S Gabi het de no verzöut, dass chürzlich zwöi Meitschi nümme i d Schueu sige cho. Am angere Tag heig d Grossmuetter aglütet, die sige jetz bi ihre. D Tochter heig se ihre brocht und gseit, si wöui jetze ou no öppis ha vom Läbe. Si heigi en öutere Ma glehrt kenne, und sig zu dämm züglet.

Es Meitschi heigi gseit, gäu Grosi, s Mami wott üs nümme, wüus lieber bim Erwin isch.

Drumm han i nie e Familie wöue, het dr Claudio gseit, i hätt jo glich nie Zit gha für se. Und ehrlich gseit, i hätts nie vertreit, Tag und Nacht vo öpperem beufsichtiget z wärde.

Die ganze Suchtproblem, wo die junge Lüt hütt hei, numte nid es settigs Usmass a, wenn d Ching i de Familie meh Liebi und Geborgeheit würde gschpüre, isch em Zuffi si Uffassig.

Är het jo ou nie Ching gha. I dämm Auter, wo me Ching het, isch em die erschti Frou ab, und die zwöiti isch für das nächhär z aut gsi.

S Gabi het em Tanja gseit, äs sigi eifach drgäge, dass d Schueu gäng wie meh Ufgabe sött übernäh, wüu d Öutere immer wie bequemer wärdi. Das wäri jo würklich nid i dr Ornig, wenn die Ching, wo aui so noch bim Schueuhuus wohne, z Mittag jetz ou no müesste ghüetet wärde, und dr Gmein Chöschte mieche. So göngi das eifach nit.

Du hesch haut sowiso es Büud vo dr Frou vom letschte Johrhundert, het em s Tanja zruggä.

Aber dr Ruedi het s Gabi ungerschtützt. Är meint ou, die junge Lüt wöui eifach aues. Das gäbs haut nid im Läbe. Mir dörfi aber nit vergässe, dass sich die meischte Öutere gäng no Müei gäbi mit ihrne Ching, und aues machi, dass öppis Rächts us ne wärdi. A die müessi me sich haute, wenn me dr Lehrerbruef usüebi. Är aus Gymnasiaulehrer machi das eso.

I bi immer für üsi zwe Buebe do gsi. Das hätts nie gä, dass die vo dr Schueu wäre heicho, und i wär nit do gsi, für mit ne z rede und Ufgabe z mache. Si hei das aber ou immer gschetzt, und si si mr hütt no dankbar.

Dr Zuffi het bhouptet, vüu Froue göngi sowiso nume go schaffe, dass si nächhär mit em Gäut jede Mischt chönni choufe, oder für au Johr uf Mallorca z flüge.

Dr Daniele isch mängs Johr Presidänt gsi vom Schuttklub. Einisch hei si für nes Johr sogar i dr erschte Liga gschpüut. Dr Zuffi isch denn Träner gsi. Är het gseit, dr Daniele heig am FC mängs tuusig Franke gschpändet. Das heigi meischtens gar niemer gmerkt.

Dr Daniele heig eifach aube die Rächnige gno und se zaut.

Dr Hans het mir mou verzöut, wie die zwe die Zit

bim FC gnosse hei. Die heige mit de Schpiler die gröschte Fescht gmacht. Aber ou dene ihri Froue sige nit z churz cho.

Dr Zuffi heig aube für ne einzelne Schpiler non es Schpeziauträning müesse mache, wüu dr Daniele drwile no bi dämm sire Frou sigi gsi.

Einisch heigs aber e grosse Krach gä. Wo d Schpiler mit emene Bus zumene Uswärtsschpüu sige abgfahre, heig dr Goli gmerkt, dass är d Schuttschue deheime heigi vergässe izpacke. Dr Buss het de vor dämm sim Huus äxtra aghaute, und dr Goli het se schnäu wöue go hole. Dä heig schön gluegt, wo d Frou mit em Daniele zäme im Bett gläge sig.

Dr Hans het verno, dr Daniele heig dämm nächhär tuusig Franke gä, dass är nüt gieng go verzöue.

Aber es paar Tag schpöter hets natürlich glich s ganze Dorf gwüsst.

Dr Zuffi isch jetze no e guete Fründ vom Daniele. Si si haut scho zäme do im Dorf i d Schueu, und heige immer zämegha.

Dr Zuffi het gemeint, dr FC heig am Daniele so vüu z verdanke, dass die ou öppis dörfti mache zum vierzgjährige Gschäftsjubiläum. Är müessti das villecht mit em Presidänt oder em Vorschtand zäme beschpräche.

Villecht chönnt me jo es Grümputurnier organisiere mit Mannschafte us em Dorf oder villecht nume öppis Chliners mit de Juniore. Me müessti doch eifach zeige, dass me am Daniele dankbar isch für sis Würke.

Zu gwüssne Zite hätti nämlich dr FC gar nid überläbt, wenn dr Daniele nid immer wider hätti gschtopfet.

Mi het dunkt, die drü Ching sige ganz verwungeret gsi, wo dr Zuffi vo dene Gäutschpände verzöut het. Die hei äuä no gar nie öppis drvo ghört gha.

Dr Ruedi het gseit, die Idee sigi nit schlächt mit dämm Grümputurnier. Aber villecht sött me das erscht i drü Johr mache, wenn dr Daniele 75 sigi.

Dir wärdet no rächti Problem übercho mit dämm Jubiläum, het dr Hans gmeint, won em drvo verzöut ha. Machet de nume, dass dr es rächts Programm chöit ufschtöue, dä Daniele isch de nämlich e diffisile Mönsch. Wenns em de nit passt, seit är nech de no aui Schang.

Dr Hans het am Afang nie begriffe, dass i dene Fontanas bi go häufe. Är seit immer, wenn nume d Höufti wohr isch, was me vo dämm Daniele ghört, de längts mir eigentlich scho.

Aber i has jo immer für s Gerda gmacht. Äs isch sicher mängisch froh gsi, wenns öpper het gha, wos het chönne s Härz usschütte.

S Schutte het mi nie intressiert, het s Gabi gseit.

S Tanja het gschwige. Äs isch jo es paar Johr mit emene Schütteler ghürotet gsi. Är sig e guete Schpiler gsi, bis är einisch wägere schwäre Verletzig het müesse ufhöre.

Von denn a het är afo trinke, het mir s Gerda einisch avertrout. S Tanja heig em nit chönne häufe, es sig sogar gäng wie schlimmer worde.

Dä sig aube im Dorf mit emene Schportwage vo Beiz zu Beiz. Und de mitts i dr Nacht schtockbsoffe wider heigfahre.

S Tanja heig einisch dr Muetter klagt, s einzige, was si Ma no chönni deheime bhaute, sigi d Outorönnbahn. Mängisch hocki är öppe mit so emene Apparätli i dr Hang a dere Rönnbahn und luegi zue, wie die Outo über d Pischte jagi.

Jetze sägi s Tanja gäng, äs heigi vüu z lang gwartet, bis äs d Scheidig igä heigi.

Dr Ruedi het vorgschlage, me chönnti jo für das Jubiläum en Architekt lo cho. Dämm würd me de dr Uftrag gä, über die hüttigi Architektur z rede. Nächhär hätt me jo gäng no gnue Zit für nes Fescht.

Aber dr Zuffi het das nit guet dunkt. Är het gseit, wär intressiert das scho. Das isch doch de meischte Lüt glich, was die für Problem hei mit em hüttige Hüserbou.

Ou em Claudio het die Idee nid eso gfaue. Är het gmeint, das wär villecht ender mou öppis, wo dr Papa chönnti nach emene Johresschlussässe mache.

Dä Obe mues eifach fäge, het dr Claudio gseit. Das mues es Fescht gä, wo jede am anger Tag s Gfüeu het, är heig dr Plousch gha.

Vo dene drü Ching han i immer zum Gabi s schönschte Verhäutnis gha.

I fröie mi gäng, wenns dr Hans und mi i sis Hüsli iladt. Meischtens machts das einisch im Winter und einisch im Summer.

Dä Summer machts kei Reis. De dörfe mr villecht i de Summerferie einisch zuenem. Mi hets fasch echlei verwungeret, dass äs jetze mit em Michel, em Ruedi sim Sohn, es Verhäutnis het.

Dr Hans seit immer, das Gabi isch mit dr Schueu ghürotet, das hätt gar kei Zit für ne Ma.

Aber dr Michel isch haut würklich e ganz nätte junge Mönsch. Är schtudiert z Züri, und si gseh nang äuä nume übers Wuchenändi.

Wie dä sir Muetter glicht. Är schpili ou glich guet Giige. Dr Ruedi het gseit, es sigi verruckt, mängisch ghöri är s Monika musiziere. Aber wenn är is Zimmer göngi go luege, sigi natürlich niemer dinne.

S Gerda und s Monika hei vüu zäme gschaffet für e reformiert Froueverein. S Monika isch lang Presidäntin gsi. Aber s Gerda het ihm vüu ghuufe, wenns öppe schträng het gha wägem Wiehnachtsbasar.

Wägem Gloube heige si nie Problem gha, het s Gerda einisch gseit. Dr Daniele sig sofort iverschtange gsi, dass me reformiert hüroti, und äs d Ching nach sim Gloube chönni erzieh. Denn sige jo die katholische Pfarrer no druff gsi wie verruckt, dass aui Mischehe katholisch trout, und d Ching ou so touft wärdi.

Aber s Gerda het gseit, das hätt äs nit chönne, und dr Daniele heig jo scho aus jung immer gseit, är gloubi eigentlich a nüt.

Letschte Winter het s Gabi üs vomene Inder verzöut. Dä chönni eso verruckts Züg mache. Är heissi Sai Baba. Dä müessi nume mit dr Hang i dr Luft kreise, und scho heig är es Schmuckschtück i de Finger, won är de de Lüt verschänki.

S Gabi het üs Fotone zeigt vo so Ringe und Medaillons, wo dä Sai Baba für Schwizer materialisiert het.

Dr Hans het gseit, dä cha de meh aus nume Brot frässe. S Gabi het müesse lache.

I ha ihns gfrogt, gloubsch du a so Hokuspokus. Äs het gseit, äs heigi dä Sai Baba bim Materialisiere scho einisch am Färnseh gseh. Amerikanischi Forscher heige ne beobachtet und gfüumet. Aber die chöme trotzdäm nit noche, wie dä das fertigbringi. Mit ihrer Wüsseschaft chönni me das, was dä Sai Baba machi, nid erkläre.

Das isch aber no lang nid aus, het s Gabi gseit, dä heilet ou Chranki, und was aui Lüt, wo zuenem göi, verblüffi, dä kenni sogar ihri Läbesgschicht und ihri Gedanke.

Z Bombay heigi dä scho einisch zu Tuusige vo Lüt gret, und glichzitig sig är in Südindie binere arme Familie i dr Hütte gsi, und heig se tröschtet.

I ha s Gabi gfrogt, wie bisch du uf dä Sai Baba cho.

Äs het gseit, e Bekannti z Züri heig scho lang gäng vo dämm Heilig verzöut, und jetze heigs grad drü Büecher kouft, wo über ihn sige gschribe worde.

Dr Sai Baba het in Indie scho über drissg Schuele und en Universität gründet. S Gabi intressiert sich für die Sai-Baba-Schuele, wüus gläse het, s Schpirituelle wärdi schtarch betont.

Äs het gseit, bi üs touchi ab und zue nüii Tricke und Modeschtrömige i de Schuele uf, wo de vüu Lehrer nume mitmachi, dass si keini Schwirigkeite mit ihrne Inschpäkter überchömi. Aber mit dämm nüie Züg passieri nit das, wo wichtig wäri, nämlich e geischtvoue Unterricht. I dr hüttige Zit wärs nämlich bsungers nötig, d Schüeuer ou geischtig z büude und nit nume ihre Intellekt z fördere.

Me frogi sich i üsne Schuele vüu zweni, weli Chreft me i welem Auter i de Ching sötti schterke, und weles Thema sich de für das am beschte würdi eigne.

Einisch mach me mit de Viertklässler zwe Monet s Thema Abfau, de no zwe Monet s Thema Öpfu. Aber öb das dä Schtoff isch, wo die Schüeuer i dämm Auter nötig heige für ihri geischtigi Entwicklig, das sig de Lehrer glich. D Houptsach sigi, me heigi möglichscht vüu eso Arbeitsblettli fotokopiert.

E Gruppe Lehrer heig doch zum Thema Öpfu e Wärkschtatt vorbereitet mit 63 Arbeitsblettli. Nach de Herbschtferie hei si agfange drmit. Mitti Novämber ischs cho schneie. Wo äs eine vo dene Kollege heig gfrogt, öb si immer no a de Öpfu sige, heig em dä zur Antwort gä, natürlich, si heige gäng no zwänzg Arbeitsblettli.

Dr Hans und i hei de gseit, los Gabi, es tuet is leid, aber mir verschtöh haut vo dr hüttige Schueu gar nüt meh. Üsi Grossching gö noni i d Schueu.

Dr Hans het de s Gabi gfrogt, was eigentlich los sigi mit dr Rächtschribig. Früecher heige d Lehrlinge bi ihne im Büro aube zimli fählerlos chönne schribe. Sit es paar Johr sig das aber jetze verbi. Das sigi jo furchtbar, die Fähler, wo die machi.

Dä Sai Baba heig scho aus Ching Wunder voubrocht. E Boum in Puttoparthi wird jetze bsungers verehrt. Aus Bueb heig är aube disne Ching gseit, jedes chönni sich e Frucht wünsche. Und scho sig die am ungerschte Ascht vo dämm Boum uftouchet. Das heig chönne e Mango, e Papaya oder en Öpfu si.

Das Gabi geit sicher einisch zu dämm Sai Baba nach Indie. Dä gäbi de Lüt nämlich vüu Chraft und Fröid, ds Läbe säuber i d Hang z näh.

Villecht hüüft em Gabi dä Sai Baba jetze scho, s Schicksau vo sir Muetter mitträge.

S Gerda seit nämlich gäng, ohni s Gabi hätts das, was ihm dr Daniele die letschte drissg Johr ato heigi, nid überläbt. Aber s Gabi heigi ihm immer Muet gmacht. Äs bhoupti gäng, ou s Schwäre im Läbe heigi si Sinn. Me dörfi nume nid ufgä. Einisch chömi dr

Momänt, wo me dörfi gseh, wieso me das aues heigi müesse erträge. Und das wärdi eim häufe, s nöchschte Läbe uf ere höchere Schtufe azfo.

I gloube fescht a d Widergeburt, het s Gabi gseit. Das, was mir jetze i dämm Läbe mache, das cha doch nid eifach für nüt si. Das wär jo furchtbar.

Äs heigi einisch mit em Tanja über das Thema wöue rede. Aber s Tanja heigi gseit, so Quatsch intressieri ihns nid. Äs läbi jetze, und probieri s Beschte us auem z mache. Was nächhär chömi, sigi de nid ihm sis Problem.

Dr Hans het ou gseit, ihm wärs eigentlich glich, wenns bi eim Läbe würdi blibe. No einisch über vierzg Johr wetti är de nit wider imene Büro hocke.

I han em gseit, villecht würdisch de ebe Diräkter. S Gabi het jo gseit, me entwickli sich immer witer uf höcheri Schtufe.

Diräkter wott i ou nit si, het dr Hans gmacht. Aber villecht Kapitän uf emene Meerschiff. Das würdi ihm jetz no gfaue, eifach wuchelang so uf em Meer z fahre, und z Obe dr Sunneuntergang z gniesse.

Villecht mues i haut glich no einisch mit em e Chrüzfahrt mache. Är schtürmt jetze afe mängs Johr drvo. Bis jetze bin i gäng drgäge gsi, wüu i lieber mit emene Buss über Land fahre, und öppe ne grösseri Schtadt wott go aluege.

Es git gäng wie meh Lüt, wo fähig si, eim i früecheri Läbe zrugg z füere, het s Gabi gseit.

I ha dänkt, was isch ächt jetze das wider Verruckts.

E Person, wo gäng unheimlich Angscht heig gha vor Hüng, heig i son ere Rückfüerig gseh, wie si vo Wöuf sigi ufgfrässe worde. Dank dere Rückfüerig heig si jetze die Angscht verlore.

E Ma heig gäng so Schmärze gha im Äcke. Won är gseh heig, wien är imene früechere Läbe sig köpft worde, heig sich de dä Schmärz glöst.

I ha s Gabi nit gfrogt, öb äs ou scho son e Rückfüerig gmacht heig. Villecht würds es jo ou nit gärn säge. I bi haut skeptisch mit so Züg.

S Gabi het äuä vüu Zit, sich mit settige Sache z beschäftige. Äs het kei Familie, und list vüu Büecher über die Gebiet.

Mir si nume einisch zäme i d Ferie, het mir s Tanja einisch gseit. Das sig überhoupt nit guet gange. S Gabi heig gäng wöue im Hotelzimmer blibe, und äs heigi aube z Obe gseit, so, jetz göi mr unger d Lüt, de lehre mr villecht öpper kenne.

S Tanja isch ender wie dr Daniele. Do muess gäng öppis loufe.

Äs cha aber ou schaffe. Wenns mr öppe usnahmswis im Garte het ghuufe, han i mängisch dänkt, das Tanja wär eigentlich en energische Mönsch.

Eigentlich ischs schad, dass keis vo dene Ching e Familie het. Aber dr Claudio bruchti haut öpper, wo Verschtändnis het, wüu är so säute deheime isch.

S Gerda het gseit, är hätti jo ou e Möglichkeit gha uf ere Redaktion z schaffe. Aber äs heigi mängisch s Gfüeu, dä wäri z bequem, jede Tag in es Büro z go. Und mit Ching möchti är sich uf d Lengi dänk ou nit abgä. Drum sigs gschider, är löis lo si. Dass är mit dere Touchere, won är es Zitli kennt het, kei Nachwuchs het gha, isch äuä besser gsi.

Bevor die het afo touche, sig si nämlich heroinsüchtig gsi, het mir s Gerda einisch verzöut.

Die het ganz e schwäri Jugend gha. Dr Vater heig trunke, d Muetter heig se vüu abgschlage. Chuum zur Schueu us, isch si scho im Drogemilieu glandet. Die heig Heroin gno, wüu sis äuä bruchi, immer nöcher bim Tod z si aus bim Läbe.

Dür ne Zuefau isch si de ufs Touche cho. Si heig sofort gmerkt, dass das Touche ou es Schpili sigi mit em Tod.

Öpper het se de gfrogt, öb si bereit wäri, i dr Nordsee, vor Bohrinsle abeztouche, für Schweissarbeite uszfüere.

Si het sofort zuegseit. Das sigi wahnsinnig guet zaut, wüus niemer wöui mache. Äs sigi nämlich schon es paar Toucher umcho bi dere Arbeit.

Die sig aube e Wuche dört ufe go schaffe, und de heig si sichs chönne leischte, e Monet oder zwe nüt meh z mache.

Die Frou, i weiss nümme, wie si het gheisse, het würklich guet usgseh. I wär nie drufcho, dass die son e Vergangeheit het gha. Dr Hans het sich öppe gfrogt, i was für Kreise ächt dä Claudio z Züri verchehri.

Vor zwöi Johr, wo mir em Daniele si sibezgischt Geburtstag gfiiret hei, isch die Zürchere ou do gsi. Das isch es schöns Fescht gsi. So hundert Lüt hei si äuä scho iglade gha.

Nächhär het me verzöut, die Frou hättis am Daniele ou no chönne. Si heig fasch nume mit ihm tanzet.

Das heig dr Claudio nit möge verliide. Plötzlich het är mit em Vater Krach übercho. Öpper het bhouptet, är heigi gseh, dass si nang im Schtägehuus usse gschüttlet heige.

Aber dr Hans het gseit, wenn so öppis passiert, wird haut de gäng vüu gret. Und aui tüe no chlei meh drzue, wüu si sich wei wichtig mache drmit.

Zu dämm Gschäftsjubiläum gits de äuä vüu Lüt, wo si müesse ilade. Vo dene Gschäftslüt, won är gäng mit ne z tue het, dörfe si sicher niemer vergässe. Drzue ghöre ou no vüu Fründe und Bekannti.

Drumm het dr Ruedi gmeint, öb me ächt nid am gschidschte grad würdi es Feschtzäut miete.

Me müessti haut amene Wirt dr Uftrag gä, d Feschtwirtschaft z übernäh.

Aber Mitti Merz wärs äuä ou nid eso gmüetlich i so emene Zäut. Das wär villecht ender e Lösig für im Summer.

Im Momänt wär schöns Wätter für son es Fescht.

Aber villecht giengs jetze nit guet, wüu d Feriezit scho agfange het.

Die Wuche ischs so schön, und vor acht Tag het das däwä chönne rägne, wo mr dr Unggle Oskar im Ämmitau hei beärdiget.
Won i uf em Schueuhuusplatz zum Outo usgschtige bi, het dr Männerchor imene Schueuzimmer no probet. «Im schönsten Wiesengrunde» hei si gsunge. I ha gschtuunet, wievüu Manne dört no mitmache. I üsem Dorf gits dr Männerchor scho mängs Johr nümme.
Dr Oskar isch haut s Läbe lang e begeischterete Sänger gsi. Dr Pfarrer hets jo de ou no erwähnt.
S Tante Hedi isch näbem offnig Sarg i dämm Totehüsli ghocket. Dr Oskar isch fasch nünzgi worde. Jetz heig är wider usgseh wie mit zwänzgi. Um e Sarg ume het me Blueme und Chränz anegschtöut.
Won i am Hedi d Hang ha wöue gä, han i müesse gränne. Das het mi beidruckt, wien äs bis zum Momänt, wo si dr Sarg zuegmacht und usegno hei, isch bi sim Oskar blibe, wo äs jo über sächzg Johr het mit em zäme gschaffet und gläbt uf dämm Burehof.
Die hei gäng es schöns Verhäutnis gha mitnang. Me het immer gmerkt, dass si enang achte und ungerschtütze.
So ischs bi üs ou gäng gsi. Wenn me so öppis darf erläbe, mues me am Herrgott dankbar si. Dr Hans seit

gäng, so öppis cha me nit mache. Das isch es Gschänk, wo me Sorg mues ha drzue.

Dr Fähnrich isch de mit sir grüene Fahne dr Sarg go abhole. Är isch vorus gange. Hinger ihm si zwe Manne mit Chränz gloffe. De hei si dr Oskar dür dä furchtbar Räge zum Grab hingere treit.

Uf dämm Wäg hei vüu s Nastuech füregno.

Dr Pfarrer het nit lang gmacht. Me isch de in es Schueuzimmer übere. Dört het dr Männerchor gsunge. Die Manne hei am Pfarrer müesse im Gang usse zuelose, wüus zweni Platz het gha.

Wo si «Im schönsten Wiesengrunde» si cho singe, het me sogar am Pfarrer sis Rednerpuut müesse uf d Site schtöue.

Won i so dört ghocket bi, am Pfarrer zueglost und drzue echlei umegluegt ha, han i dänkt, die Lüt i dämm Ämmitau, i dene Hügle obe, das si ganz angeri Mönsche aus mir. Mi hets dunkt, die heige vüu idrücklicheri Gsichter aus me do ume gseht.

Die herti Arbeit uf dene Höf prägt die Lüt äuä scho schtarch. Und trotzdämm dass vüu elleini näbenusse wohne, hei si es schterchers Zämeghörigkeitsgfüeu aus mir.

Zum Ässe si de ou über hundert Lüt cho i dä Gaschthof näb em Schueuhuus.

Dr Pfarrer isch am Tisch vor mir ghocket.

S Tante Lina het vom Franz verzöut. Är heigi jetze keini Chüngle meh. Zum s Gras mäie heig är eifach dr

Schtang nümme. Äs heigi mängisch Angscht gha, är gheii no i d Sägetse ine. Aber was wöu me, är sigi haut ou scho 85.

Dr Oskar isch dr erscht gsi vo üs sibe Ching, wo het müesse go, het s Lina gseit. Si sige jetze haut aui um die achtzgi ume. Drum heigs dänkt, äs lohni sich äuä scho, non e schwarzi Bluse z choufe für die Beärdigung. Äs rächni drmit, dass äs jetz de eim nach em angere müessi hingenoche loufe.

So Beärdigunge gits bi üs gäng wie weniger. Immer meh list me paar Tag nach em Tod vo öpperem e Todesazeig, wo die Verwandte mitteile, me heigi im ängschte Familiekreis vom Verschtorbnig Abschid gno.

Eigentlich isch das jo vüu ehrlicher. Bi üs wohnt me gäng wie meh nume no für sich. Me läbt nümme inere Gmeinschaft wie früecher.

S Gerda isch nächti dr ganz Obe gar nie zu üs i Garte use cho.

S Gabi isch paar Mou go luege, was d Muetter macht. Si schloft, ischs immer cho säge.

Die erschte Johr, wo dr Daniele aube sini Fründinne het heibrocht, het s Gerda immer gmeint, das sigi jo eigentlich no guet, de wüssi äs wenigschtens grad, was gschpüut wärdi.

Äs het die Meitli behandlet wie eigeti Fründinne. S Gabi het gäng gseit, mit üs het sich d Muetter nie so

Müei gä. Eire heig s Gerda sogar no d Zechenegu gschnitte.

A vüune Fescht sig das Trio grad mitnang ufträte.

Dr Hans seit gäng, s Gerda wott em Daniele die Affäre häufe verdecke. Aber so dumm si d Lüt nit, dass si nit merke, was do gschpüut wird.

Wenn i zuenem go go schaffe, mues em mängisch dr haub Morge ablose, wie äs über das Eländ jummeret.

I tät em mängisch rote, äs söu doch das Theater nit mitmache. Aber de dänk i wider, es geit mi nüt a, es müesse aui säuber wüsse, was si wei.

Villecht het em dr Daniele haut gseit, wenn äs die Meitli nid akzeptieri, söus uszieh.

Dr Hans het mr immer verbotte, mi izmische. Ou wenns übere Daniele fluechet, säg nüt. D Lüt si fautsch. Am angere Tag hüufts em wider, und de ischs uf di verruckt.

Wenn i mir vorschtöue, dass dr Hans mit eire heichiem, und de do bi üs deheime mit ere würd schlofe, de dänk i immer, das isch eigentlich die gröschti Demüetigung, wo me sich cha vorschtöue.

I gloube, i hätt so öppis nid überläbt. Aber dr Hans isch gottlob ou nie uf so ne Idee cho.

S Gabi het gseit, dr Papa heig das ou erscht getrout, wo si drü Ching uszoge sige. Äs hätti so öppis nie duudet. Entwäder hätts am Papa gseit, är söu verschwinde, oder de hätts dr Muetter grote, s Huus z verlo.

Das heigs zwar ou so öppe probiert. Aber d Muetter heig immer gseit, los Gabi, i mues säuber luege, wien i mit dere Tatsach cha läbe. Es het kei Sinn, wenn i jetze öppis überschtürze.

Am Tanja isch das meh oder weniger glich, was dä Papa aues macht. Äs säg aube, i bi froh, dass i säubschtändig bi, die söue mache, was sie wei. I wott gar nüt meh ghöre vo so Gschtürm.

Dr Claudio hets haut mit em Papa sowiso nit wöue verderbe. S Gabi gloubt, dä heigi sit zwänzg Johr immer dr Gedanke uszwandere. Am liebschte giengt är nach Brasilie. Dört wett är e Rinderfarm ufboue. Für das Projekt wär är natürlich uf s Gäut vo sim Papa agwise.

S Gabi meint, ou s Tanja sig eigentlich nume no am Erb intressiert.

Im Grund gno hätts immer gärn e Ma ghürotet, wos nüt me hätti müesse schaffe. Aber äs heig nie eine kenneglehrt, wos nume no hätt chönne deheime blibe, und öppe echlei Schport tribe.

Das isch denn en Enttüschig gsi für e Daniele und s Gerda, wo das Tanja i d Oberschueu hätt söue go. Dr Lehrer het natürlich müesse tschuud si, dass äs d Prüefig i d Bezirksschueu und Sekundarschueu nit het beschtange.

Dr Hans het denn einisch gseit, das isch jetz haut öppis, wo me nit mit Gäut cha mache.

Aber si hei de doch dank em Gäut e Lösig gfunge. S Tanja het furt müesse. Für drü Johr hei sis in es Internat im Wäutsche gschteckt.

I ha denn mängisch zum Gerda gseit, mir hätte kei Gäut für so öppis. Aber i hätt mini Buebe nit chönne wäggä i dämm Auter. Das hätt mi z fescht duuret.

Aber für s Gerda isch das keis Problem gsi. Äs het sich vorgschtöut, s Tanja chönni de übere Umwäg vo dämm Internat glich s Koufmännische lehre. Und echlei hei si äuä de Lüt ou wöue zeige, dass es Ching vo Fontanas öppis Bessers isch, und nid i ne Oberschueu ghört.

So wie s Gerda einisch het gseit, hei si scho denn für das Meitli über zwänzgtuusig Franke müesse zahle pro Johr. Und s isch jo de glich aus für nüt gsi.

S Tanja isch nämlich nach drü Johr heicho, aber glich nit fähig gsi, e koufmännischi Lehr z mache.

Scho nach emene Johr hets müesse ufgä, wüus i dr Bruefsschueu nit noche cho isch. De hets süsch öppe so uf Büro gschaffet, bis es ihm de ganz verleidet isch.

Dr Hans het einisch gseit, das mög är am Gerda echlei gönne, dass das Gäut für nüt gsi sig. S Gerda heigs nämlich eifach ou höch im Gring. Ou äs heig schnäu vergässe, dass äs eigentlich us eifache Verhäutnis schtammi, nit nume dr Daniele. Är chönni gar nit begriffe, dass die zwöi meini, si sötte aues gschidi Ching ha. Die heige jo bedi i dr Schueu säuber ou nie zu de beschte ghört.

Mit üsne zwe Buebe hei mir nie Schwirigkeite gha. Die si problemlos dür d Bezirksschueu cho. Und bed hei d Lehr uf dr Bank mit guete Note abgschlosse.

Dr Patrick het zerscht gäng wöue Schriner lehre. Dr Hans het ne no lang ungerschtützt. Aber i ha de gseit, das isch doch schad, nume Schriner, du bisch intelligänt gnue für uf emene Büro z schaffe.

Hütt isch är mir sicher dankbar. Aus Abteiligsleiter het är e schöne Lohn. Dr Nicolas het vo Afang a nüt angers wöue. Wenn ne aube i d Schtadt mitgno ha, für go Kässeli z lääre, het är immer scho gseit, är möchti einisch uf ere Bank schaffe.

Wie dä Zuffi nächti wider isch agleit gsi. Das popige Hemli wär doch für ne zwänzgjährige Gieu, aber nit für ne über sibezgjährige Ma.

Dä Wauter passt würklich zum Daniele. Die zwe chöi eifach nid aut wärde.

Göi si ächt dä Summer ou wider mitnang i d Ferie? Dr Zuffi fahrt jo aube mit sim Schportwage.

Letscht Johr han i gseh, wie si abgfahre si. S Verdeck hei si hinge abegleit. De si si mit ihrne grosse Sunnebrüue drighocket. Me hätt chönne meine, das wäre zwe Füumschtare.

Am Gerda hei si nit chönne säge, wo si eigentlich hi wei. Aber die hei das natürlich scho gwüsst.

Schpöter hets gseit, si sige d Saint-Tropez gsi.

Villecht hei si mit de Hüng vo dr Brigitte Bardot

dörfe go schpaziere, het dr Hans gmacht. Die mues jo dänk bau froh si, wenn nere no zwe so auti Hächle nocheloufe.

Aber i ha zum Hans gseit, die gäb sich nume no mit Tier ab, vo Mönsche sig d Bardot z fescht enttüscht worde.

S Gerda het natürlich nie verno, was die zwe i ihrne Ferie aues mache. Und hätts dr Daniele gfrogt, hätt är ihns jo dänk sowiso nume abputzt.

Äs meint, dr Daniele zahli am Zuffi aube die Ferie. Dä müessi eifach mit em Outo fahre, dass är chönni trinke, so vüu är wöui.

Wahrschinlich hei si dr Zuffi zu dere Beschprächig vo geschter z obe nume iglade, dass dr Daniele ender akzeptiert, was de a dämm Fescht söu go. Gäge dä seit är drumm de sowiso nüt.

Dä Zuffi wott immer bi auem drbi gsi si. Är het verzöut, ei Morge sig är i dr Schtadt bim Schlachthuus düre gloffe. Si heige grad e Muni usglade. Dä sig aber de dämm Buur ab. Das isch haut e Freiloufmuni, wo s Abungesi nit gwöhnt isch, heig de dä Buur gseit.

Hoffentlich louft är so wit drvo, heig är dänkt, dass si ne nit so schnäu wider finge. Wenn är wüssti, dass scho gli für immer Schluss wär, würd är ou abhoue, für z letscht Mou öppis z erläbe, het dr Zuffi gseit.

Dä Muni sig de d Schtross z düruf gschprunge. D Fuessgänger sige verschrocke. D Velo- und d Outofahrer heige e grosse Boge umne ume gmacht.

Uf dr Chrüzig sig är blibe schtoh, wie wenn är sich überleit hätt, wele Wäg, was är jetze witer wöu go.

Schliesslich sig är de unger dr Bahnungerfüerig düre Richtig Chlimatt.

E Frou, wo mit ihrem Ching grad het usem Huus wöue, sig sofort wider hinger dr Türe verschwunde.

Zwe Metzger, e Lehrling, är und non e paar angeri Lüt si nem hinge noche gschprunge.

Imene Weizefäud i dr Chlimatt isch dä Muni de blibe schtoh.

Zwe Polizischte vo der Kantonspolizei si drwile ou scho cho mit ihrne Gwehr.

Dr Muni heig sini Huf i Bode gschtemmt, dr Chopf ufgha, und won är nomou het wöue flüchte, hei ne drei Schüss erlediget.

Dr Zuffi het gseit, är heigi bis z letscht dänkt, hoffentlich geit är ne nomou ab. Wenn är nume no ne Tag lenger cha läbe, und d Freiheit gniesse, de lohnt sich d Flucht scho.

S Tanja het gseit, äs hätti äuä fasch e Härzschlag übercho, wenn dä Muni uf ihns zuegschprunge wär. Äs heig immer Angscht gha vor so Zuchtschtiere. Gottlob sige ihm bis jetz nume ganz weni begägnet.

Dr Ruedi und s Gabi hei müesse lache, wien äs das het gseit.

Lang het me gäng gmeint, dass die zwöi öppis mitnang heige. Vom Auter här hätt das doch guet passt. Dr

Ruedi echlei über füfzgi, s Gabi afangs vierzgi. Und bedes Lüt, wo vüu läse.

Aber jetz geit s Gabi haut mit sim Sohn. Das isch jo ou rächt. Wenns nume öpper het.

Vorhär het sich s Gabi fasch z vüu um d Muetter kümmeret. Und dr Michel isch würklich ganz e feine Mönsch. Dä het kei Dünku, ou wenn är e Gschtudierte isch. Är isch nit z nobu, sich ou mit eifache Lüt abzgä.

Aber ebe, är isch sächzäh Johr jünger. Das cha natürlich mit dr Zit scho Problem gä. I weiss nit, i kenne keis angers Paar mit so emene Autersungerschid.

Usser d Andress. Die geit jetze mit emene sizilianische Schtudänt, wo grad drissg Johr jünger isch. Won i die Foto gseh ha, hets mi dunkt, die sött sich glich echlei schäme, dass si so ne junge Ma het izoge.

Wenn me dänkt, wie mänge dass si scho het gha. Die geit doch nume mit dämm, wüu si mit em cha mache, was si wott. Dä Bursch duuret eim jo fasch.

S het überhoupt gheisse, es sigi momentan Mode, dass vüu jungi Manne öuteri Froue wöui.

Mi geit das jo nüt a. Aber s isch truurig, dass über so Lüt wie die Andress no so vüu gschribe wird.

Vo dene, wo es Läbe lang aschtändig gsi si, immer gschaffet hei und Ching ufzoge, vo dene bringe si nüt i de Heftli. Öppis Normaus isch haut nid intressant, seit dr Hans gäng. En aschtändige Mönsch güut gäng wie weniger.

S Gerda het das letschti Wuche ou gseit, wo mr zäme a d Chlitierusschtöuig gange si.

I ha dänkt, am Hans ischs sicher glich, wenn s Gerda ou mitchunnt, und han em schnäu aglütet. Zäh Minute schpöter ischs scho bi üs unge gsi. Äs het richtig Fröid gha, dass äs isch zu de vier Wäng uscho.

Villecht müesse mrs jetz de überhoupt meh mitnäh. Mi dunkts eifach, äs hocki z vüu elleini deheime, und grübli a Sache ume, wos glich nit cha ändere.

I dr Zitig hets gheisse, es sige über tuusig Lüt a dere Usschtöuig vom Chlitierverein gsi.

Mir hei aui gschtuunet, dass bi üs i dr Umgäbig hüt gäng no so vüu verschideni Chüngurasse züchtet wärde.

Am Gerda hei d Holländer so guet gfaue.

Dr Hans het gmeint, das wär doch no öppis für ihns, eso ne Holländerchüngu. Dä chönntis doch guet imene Zimmer ha. Aber s Gerda het gseit, äs heig nie Huustier gha, jetze föis das nit no a.

Das Johr hei si näb de Hüener ou vüu Änte und Gäns, jo sogar es paar Fasane gha. A de früsch gschloffne Bibeli hei natürlich d Ching grossi Fröid gha.

D Suppe hei si ou das Johr wider gratis abgä. Aber dr Hans het am Fridli Erwin öppis gä a d Unchöschte.

Dr Erwin aus Presidänt het natürlich Fröid gha. Är het gseit, es sigi schön, dass dr Hans ou mithäufi, dass me uf die Art d Beziehig Mönsch-Tier chönni fördere.

Ihn dunkis, das wärdi gäng wie wichtiger.

Übere Mittag isch d Feschtwirtschaft immer bsetzt gsi. Vüu sige wägedämm erscht am Nomittag zu ihrem Täuer Suppe cho.

S isch schad, gits bi üs bau keini Fäudhase meh, het dr Erwin gseit. Aber das sigi jo nit nume do eso, me chlagi bau in ganz Europa. No vor paar Johr isch das nit so schlimm gsi. Är gloubi nit, dass am Usschtärbe vom Fäudhas nume d Landwirtschaft tschuud isch. Dr massiv Maisabou, d Arbeit mit Maschine und Traktore, und dr Isatz vo Herbizid, sige natürlich nit guet für d Hase. Aber es chömi gäng wie meh uf dr Schtross und dür Chrankheite um.

S Schlimmschte sig aber villecht, dass die Tier kei Ruei meh heige. Gäng wie meh Lüt schtöri se mit ihrne Hüng, oder fahri mit de Töffe und Outo über d Fäudwäge. D Jeger sägi, si heige nit z vüu gschosse. Meh aus dr erloubt Drittu sig das nie gsi.

Dr Erwin het gseit, für d Hase sig es Gebiet mit chline Fäuder s beschte. Wenn em a eim Ort ds Frässe wägg gärntet wärdi, fingi är villecht wider öppis uf em nöchschte.

Äs ghöri das z erschte Mou, dass es de Hase eso schlächt göi, het s Gerda gseit.

I ha dänkt, wo wett ou, äs geit jo nie go schpaziere. Drbi täts em guet, wenns jede Tag echlei Bewegig hätt a dr früsche Luft. I gseh das jo säuber. Wenn me e Haubschtung gloffe isch, het me s Gfüeu, me heig öppis gmacht für Gsundheit, und isch zfride.

Imene Johr wird dr Hans pangsioniert, und de göi mr sicher no meh go schpaziere und wandere.

Öppis mues är jo de mache. Immer chan ne de ou nid i dr Wohnig ha, süsch git me nang dänk de uf d Närve. Und Garte hei mr keine. Das hei mr eigentlich ou nie fescht vermisst. Mir si ou ohni wou gsi i dämm Vierfamiliehuus.

Mit Hüng cha s Gerda haut ou nit vüu afo. Äs het z fescht Angscht vor ne. Das isch schad. Wenns e Hung hätt, müesstis jede Tag mindeschtens einisch use mit em. Und zu Hüng hei vüu Lüt, wo gäng ellei si, mängisch fasch e töiferi Beziehig aus zu Lüt.

So wie die Frou, won i chürzlich von ere gläse ha.

Die isch jede Tag mit ihrem Hung go loufe. Wo si mit em über ne unbewachte Bahnübergang het wöue, isch dä eifach mitts uf em Gleis blibe schtoh.

Wo die Frou het gseh, dass e Zug chunnt, het die ihre Hung am Hausbang vo de Schine wöue risse. Scho het se dr Zug aber verwütscht, und se ewägggschlöideret. Si isch sofort tod gsi.

Dr Hung het nume schwäri Verletzige gha. Im Tierschpitau z Bärn hei si ne operiert, und ne wider zwäg brocht.

Dr Bahnhofvorschtand het das Unglück nit chönne begriffe. Uf em Bahnübergang ghöri me doch d Züg scho vo witem.

S Gerda macht aube scho, wie wenns über auem würdi schtoh, wenns wider öppis Schwärs erläbt het. Aber s vorletschte Wuchenändi hets jetz doch ganz kaputt gmacht. Äs het fasch nit chönne rede, wos mr si Chummer het wöue verzöue.

Am Samschtig sig dr Daniele mit emene junge Meitli drhärcho. S Gerda het gmeint, das sigi villecht so um die zwänzgi ume. Äs heissi Rosetta.

Sie drü heige zersch no chlei Färnseh gluegt. Nächhär heigi die zwöi afo schmuse, und äs heig de ne Schloftablette gno und sig is Bett.

Am Morge sigs vo dere Rosetta gweckt worde. Die heig aues mögliche ufgschtöut und parat gmacht gha zum z Morge.

Aber s Gerda hets äuä glich echlei möge, wie die do eifach eso soufräch hinger e Chüeuschrank isch gange. Schliesslich het äs jo aues ikouft gha.

Dr Daniele heig de die Rosetta grüemt für ihre Isatz, wo si heig zeigt. Nächhär sige si zäme ab. Är heigi keis Wort gseit, wohi dass si giengte, und natürlich het är nit gfrogt, öb s Gerda ou wetti mitcho.

Dr Hans het gseit, mit dene zwöi hätt är äuä z Morge gässe. Die hätt är grad bedi zum Tüfu gjagt.

Aber was wott äs sich jetze im Auter no afo wehre. Dä macht jo so Schpili scho johrzähntelang mit dämm armè Gerda.

S Gabi meint ou, d Muetter heig e Fäuer gmacht, dass si so Züg immer akzeptiert het. Äs meint sogar, si heig dä Daniele trotz auem glich immer no gärn. Das chönni kei Mönsch verschtoh, aber es sigi äuä würklich eso. Und das het dr Daniele haut immer brutau usgnützt. Bsungers wüu är gwüsst het, dass sich s Gerda uf kei Fau het wöue lo scheide. Passier was wöu, äs wott eifach bis z letscht d Frou Fontana si.

Dr Hans het mr scho mängisch Vorwürf gmacht. Mit so emene verlognige Pack sött me sich doch eigentlich gar nid abgä. Und du geisch, und machsch so öpperem no dr Dräck, seit är aube.

Los, i mache mi Arbeit, und für die bin i gäng guet zaut worde. Aues angere geit üs eigetlich nüt a, gib i de aube zrugg.

Wenn i nit wär go häufe, hätt s Gerda öpper anger müesse ha. Äs isch eifach vo Natur us nid e Ris. Das het immer scho gnue gha, wenns nume für d Familie het müesse choche.

I mues säge, dr Daniele het mi Arbeit gäng gschetzt. Gäge ihn chönnt i nüt säge, dä isch immer sehr korrekt zu mir. Es paar Mou dürs Johr git är mir aube sogar e Schachtle Praline und es Nötli drzue.

I gloube nit, dass s Gerda eso grosszügig wär gsi.

Dr Daniele lot sich äuä de das Gschäftsjubiläum scho öppis lo choschte.

Dr Claudio het jo sogar vorgschlage, die Fiir villecht z Bärn obe z mache, villecht im Kursau.

De müesste mir jo öppe mit sibe Care dört ufe fahre. Und das het s Tanja scho grad echlei übertribe dunkt.

Ou em Gabi wär das äuä z vüu.

Aber dr Claudio het gseit, entwäder mache mir öppis Rächts, oder de löi mrs gschider lo si. Är meint, me chönnti am Morge uf e Gurte fahre, und dört e chline Schpaziergang mache. Das sigi doch immer agnähm für d Lüt, wenn me uf die Art mitnang is Gschpräch chömi. De gubs im Hotel s Aperitif, und uf e Mittag gieng me de ebe i Kursau.

Dr Claudio isch sit dr dritte Klass nie meh uf em Gurte gsi. Denn heige si d Schueureis dörthi gmacht. Drumm wöu är vorhär no einisch go luege, wie das Hotel jetze usgseht.

Am Ruedi und em Zuffi het dä Vorschlag guet gfaue.

Dr Ruedi het zwar schon echlei Angscht gha, me chönntis do übu näh, wenn me mit dämm Fescht uf Bärn giengti. Schliesslich heig dr Daniele s Gäut ou gäng mit Uftreg i üser Region verdienet.

I ha mi zu dämm Fescht gar nie richtig möge üssere. Was geit mi das eigentlich a, han i es paar Mou dänkt.

S Gerda, aus Frou vom Bsitzer vo dämm Gschäft, liggt im Bett, seit nüt zu auem, und i aus Putzfrou hätt de söue dr Sänf drzue gä.

Dr Hans het hütt gseit, das isch scho komisch. Hei ächt die gar nit so vüu Fründe, dass si nume grad üich drü hei zu dere Beschprächig iglade.

Wahrschinlich het s Gerda wöue, dass i drbi bi, und villecht no s Gabi. Mit disne han i jo chuum Kontakt.

S Gerda schetzt mi haut scho. Äs het scho mängisch zue mr gseit, Helen, gottlob bisch du gäng zu mir gschtange.

Dr Hans het scho öppe gmeint, i söu doch amene Fritig deheime blibe, mir heige doch das Gäut nit nötig. Aber i ha am Gerda verschproche, i chömi, solang i mögi.

Jetz han i scho drü Johr d AHV, und bruchti natürlich wägem Gäut nümme zu Fontanas. Wenn dr Hans einisch pangsioniert isch, chan är de villecht besser verschtoh, werum i das eigentlich immer gärn gmacht ha. De gseht är de, dass es gar nid eso liecht isch, dr Tag hinger sich z bringe, wenn me gäng nume mues deheime hocke.

I fröie mi immer uf e Fritig. Z putze gits jo i dene sibe Zimmer nümme vüu. Dr Daniele isch säute deheime, und s Gerda bringt ou kei Dräck hei. Mängisch frog i mi, öbs überhoupt no zum Huus us geit.

Äs würds äuä gar nit merke, wenn i nit gäng jedes Zimmer würdi schtoubsuge. Villecht wärs em sogar glich.

Aber bschisse wird nid. I wirde mi Arbeit immer korrekt mache. Genau so wie denn, wo aube no aui Ching deheim gsi si. Am Morge wird putzt. Am Nomittag machi d Wösch, glette am Daniele sini Hemli.

Dä het i au dene Johr nie öppis reklamiert.

Wenn i dänke, wo dä jo überau hi mues, für wichtigi Lüt z träffe, und immer Hemli treit, won i glettet ha, de chan i natürlich scho chlei schtouz si uf mi Arbeit.

S Gerda het mängisch gseit, wenn äs se würdi glette, hätt är immer öppis z reklamiere. Drumm sigs gschider, i machi das, de gäbs wenigschtens wäge dämm keis Gschtürm.

Wär chouft ächt em Daniele überhoupt die Hemli. I weiss gar nid, öb s Gerda so öppis no macht, oder öb für das d Fründinne luege.

Villecht chouft är se ou säuber. S git jo Manne, wo das mache. Es si immer tüüri, das gseht me sofort. Dr Daniele bsorget die villecht sogar z Bärn in ere Boutique, dass es ömu de ou jo öppis äxtra Schöns isch.

Dr Hans isch immer froh gsi, wenn i für so öppis gluegt ha. Dä isch nie gärn go Chleider choufe.

Für s Hochzit vom Patrick han ne fasch müesse zwinge einisch mitzcho, für ne nüie Chittu und Hose go z hole. Sit denn het är sich nie meh e schöni Bchleidig gleischtet.

Dr Patrick chunnt no meh öppe hei aus dr Nicolas. Aber är wohnt haut ou nöcher.

Dä Bueb het Glück gha, dass es ihm nüt het gmacht, won em vor paar Wuche eine isch i d Site gfahre. Das isch äuä e verruckte Chlupf gsi für ne.

Dr Patrick het inere Kolonne gwartet. Linggs vo ihm isch es Outo i d Schtopschtross gfahre. Das het aghaute, e Momänt gwartet, und plötzlich het är gseh, dass dä Ma afahrt und ihm vou i d Site prätscht.

Är hets gseh cho, und i dere Kolonne natürlich nit chönne ewäggfahre. Die ganzi linggi Site het me müesse ersetze.

Dä Ma isch de usgschtige. Är heig gar nit rächt gwüsst, won är überhoupt sig.

Das isch es Zitli gange, bis i mit em ha chönne rede, het dr Patrick gseit. I ha nit gwüsst, öb är wägem Zämeschtoss e Schock het gha oder süsch e Krise.

Wos em de wider besser isch gange, heige si sich schnäu geiniget gha, was söu go wäge de Versicherige. Won är ihm aber es paar Tag schpöter heig aglüte, sig dä wider eso abwäsend gsi.

Letschti Wuche list dr Patrick d Zitig, und plötzlich gseht är d Todesazeig vo dämm Herr Flühmann. Si sig so abgfasst gsi, dass me heig müesse dänke, dä heig sich öppis ato.

Das isch es komischs Gfüeu, het dr Patrick gmeint, jetze mues de dämm si Versicherig no d Rächnig für mis Outo zahle, und dä Flühmann läbt gar nümme.

Won är eismou so a dämm Unfau heig umegschtudiert, heig är dänkt, öb ächt dä denn scho uf dere Chrüzig heig wöue fertig mache. E normale Mönsch fahri doch nid eifach eso in es Outo ine, wo uf dr Schtross inere Kolonne warti.

Aber i ha zum Patrick gseit, los, i gloube, mir hei aui so Momänte, wo mir nit bi dr Sach si.

Drumm dunkts mi guet, wenn s Gerda nümme z vüu Outo fahrt. Äs luegt nämlich mängisch ou lang is gliche Loch ine. Wenn mes de aube aret, verchlüpfts, wüus mit sine Gedanke wit ewägg isch.

Dr Patrick chunnt öppe verbi, wenn är mit de Ching uf em Bärg gsi isch. Si Frou, s Martina, geit haut ou gärn go wandere.

S letscht Mou si si im Dorf no am Zemp Linus begägnet.

Dä isch jetze sicher scho über achtzgi. Dr Patrick het gseit, dr Linus heig se fasch nümme wöue lo go, und heig gäng wider vo öppis angerem agfange. Vor dämm Ma heig är immer no fasch Angscht, ou wenn dä jetze a zwene Schtöck durs Dorf humpli. Aus Bueb isch dr Patrick immer von em drvo gschprunge.

Är het die Angscht vor em gha, wüu d Lüt hei verzöut, dä heigi aube si Frou eso traktiert, dass si einisch a de Fouge vo sine Schleg sigi gschtorbe.

Me het haut nie verno, was eigentlich wohr dra isch. Aber wies haut de geit so imene Dorf. Me vergisst so öppis nid, und de blibts für immer a öpperem hange.

I gloube, mit dämm Zemp het äuä sit em Tod vo sir Frou niemer meh öppis wöue z tue ha. S isch villecht erscht zwe Monet här, dass i einisch bi go Kommissione mache, und ha ghört, wien em dr Bösch Kari uf dr

Schtross het fürgha, är heig s Anna umbrocht.

Das isch ou son e arme Mönsch gsi. Aber äs het wenigschtens einisch usglitte gha.

Bis vor paar Johr het dr Zemp immer e Plastiksack mitgno, wenn är dürs Dorf ghumplet isch, wüu är ungerwäggs het Gras abgrisse für sini Chüngle.

Es Zitli het dr Linus no bim Daniele gschaffet. Aber är het gseit, är heig ne müesse lo go, wüu dä uf de Bouschtöue gäng das und dises heig lo mitloufe.

Das mues me säge, die Manne vom Dorf, wo bim Daniele si agschtöut gsi, hei ne gäng gärn gha. Är zaut haut guet, und schetzt ihri Arbeit.

Die erschte zäh Johr het dr Daniele sowiso säuber uf de Boute mitgschaffet. Är het sich de erscht is Büro zruggzoge, wos Gschäft gäng wie grösser worde isch.

Zu sir Schweschter, dr Isabella, isch dr Daniele immer gschtange. Bis hütt fahrt är jede Monet einisch zuenere i d Klinik. Är het die säuber gsuecht für se.

Zum Zuffi heig är einisch gseit, das sig villecht überhoupt s Beschte, was är im Läbe gmacht heig, dass är für d Isabella son e gueti und schön glägni Klinik heig gfunge. Si liggi amene Waudrand uf emene Hügu, und d Isabella heig vo ihrem Zimmer us e wunderbari Sicht uf ene See.

Dr Zuffi meint, dr Daniele zahli sit zwänzg Johr jede Monet e grosse Betrag für se.

I ma mi no guet erinnere, wo me het afo verzöue, dere Isabella göngis gäng wie schlechter.

Si isch denn dänk öppe so um die füfzgi ume gsi.

Die Chrankheit vo dr Isabella het ihre Ma so verschtört, dass är nach zwöi Johr gschtorbe isch. Dä het das eifach nit chönne verschaffe, dass eso ne schöni Frou, wo süsch immer gsung isch gsi, innert churzer Zit eso öppis het müesse mitmache.

Das mues denn öppis gsi si a dämm Fescht, wo die Isabella uf ene Tisch ufe gschtange isch, d Fläsche und d Gleser wäggschuttet het, und immer wider het brüelet, i bruche es Schiff vou Manne, i bruche es Schiff vou Manne.

Drei oder vier Manne hei nang müesse häufe, für se wider obenabe z näh, und se de heizbringe.

Ihre Ma sig dört ghocket und heig gjummeret, är chönni das nit begriffe, är heig doch immer s Möglichschte gmacht, die chönnti eigentlich zfride si. Är heig z luter Wasser gränneret.

Dr Hans het denn gseit, dr Daniele und d Isabella si haut eifach Süditaliäner. Du merksch es gäng wider, dass die nit glich si, wie mir do em Jura no.

S isch würklich schad gsi für die Isabella. I wirde nie vergässe, wie schön sie aube ghandorgelet het.

Mängisch amene Obe im Summer isch si vors Huus ghocket, und het dr Schneewauzer gschpüut. Das het so ne zfridni Schtimmig gä is Dorf ine.

Vüu Lüt hei se aube gfrogt, öb si bi ihne a s Hochzit oder a Geburtstag chömi cho schpile und singe. D Isabella isch immer gange.

Aber einisch, wo me het gmeint, es göng ere echlei besser, het si d Handorgele gno, isch uf e Bärg mit ere, und het se über ne Flue usgschosse.

Das het denn em ganze Dorf leid to, wo mes het verno.

Wieso schiesst jetz d Isabella die Handorgele furt, het sich aues gfrogt. Das isch doch das gsi, won ere gäng eso vüu Fröid gmacht het. Und wieso isch si ächt no mit ere uf e Bärg ufe gange. Das hätt si jo do unge ou chönne mache.

Dr Daniele het am Zuffi gseit, d Isabella wöui bis hütt nümme wüsse, dass si einisch heig ghandorgelet.

I dere Klinik heig me se aber gärn. Meischtens göngs ere guet. Plötzlich mein si aber, si sig die änglischi Königin.

Einisch sig si ufs Büro gange, und heig anere Frou gseit, ou wenn i die änglischi Königin bi, mis Sackgäut wotti de genau glich.

Dr Daniele geit aube mit dr Isabella go schpaziere. De winkt si de Lüt eso wie d Königin Elisabeth uf em Baukon vom Buckingham Palascht. D Ching i dämm Dorf kenni se und winke zrugg. Das fröi se de.

Wenn d Isabella no gsung wär, hätt dr Daniele sicher wöue, dass si am Gschäftsjubiläum dr Schneewauzer hätt gschpüut. Das isch es Schtück, wo aune Lüt gfaut.

Wenn i mirs so überlegge, mues i säge, settigi Schicksau si jo eigentlich so truurig, dass das, was s Gerda mues mitmache, eim gar nümme eso schlimm vorchunnt.

Das mues i nem villecht einisch säge, wenns wider e schlächti Zit het, und em aues verleidet.

Mängisch chan is eigentlich ou fasch nit begriffe, dass äs sich wäge dene Siteschprüng vom Daniele eso lot lo gheie.

A dämm unehlige Bueb z Bärn hets doch aube so Fröid gha, wüu är am Daniele eso glicht. Schtefan heisst är.

Vo dämm het mr s Gerda nie nüt gseit. Wenn mrs nit s Gabi einisch hätt avertrout, wüsst is dänk jetz noni.

Das ma mi mängisch schon echlei, dass mr s Gerda nume grad das verzöut, won ihm grad eso passt.

Aber Züg, wo eim nid intressiert, sött men em de mängisch schtungelang alose.

S Gabi het gseit, dä Schtefan sig ganz e intelligänte junge Ma. Är sig jetze 25, und schtudieri z Züri Ingenieur. Si Muetter heig dr Daniele dür ne Sekretärin glehrt kenne, wo binem im Gschäft gschaffet heig.

Die sig nit vüu über zwänzgi gsi, wo si vom Papa dä Bueb heig übercho.

Dr Daniele sig denn verruckt schtouz gsi, dass ihm son e jungi Frou non e Sohn gschänkt heig.

Dr Papa und dä Schtefan heige es schöns Verhäutnis zäme. E Zitlang heig dr Daniele gmeint, dä Bueb machi im Schutte Karriere. Drumm sig är öppe uf Bärn ane Matsch gange, wenn dr Schtefan gschpüut heig. Aber är heig de die Schutterei ufgä, dass är sich ganz ufs Schtudium chönni konzentriere.

Dr Claudio heigi gäng echlei Angscht, dä Schtefan chömi de einisch do ane, und wärdi Nachfouger vom Papa, meint s Gabi.

Säuber sig är z fuu gsi, vou is Gschäft izschtige, und Verantwortig z übernäh, het äs gseit. Aber jetze, won är dä Haubbrueder förchtet, überleg är sich äuä ou mängs angers. Ou s Tanja heigi gäng Angscht, eines Tages heissis, s Gschäft ghöri jetz dämm Schtefan, und si drü Ching und d Muetter würdi mit emene schäbige Pflichtteil vom Erb abgschpise.

Aber s Gabi het gseit, wägedämm löi äs sich keini graue Hoor lo wachse. Äs heig sis Uskomme aus Lehrerin, und meh Gäut bruchi äs nit.

Am Gabi gloubi sofort, dass äs kei Erbschlichere isch. Dr Hans seit ou gäng, das Gabi frogt am Gäut nüt drno. Das isch würklich e Geischtesmönsch. Aber den angere zwöi würdi är zuetroue, dass si vordüre dr Muetter göi go hüchle, und hingedüre de glich zum Daniele würde schtoh.

I ha zum Hans gseit, los, über aues bin i leider ou nid informiert. Aber mängisch dunkts mi, s Gerda heig äuä ou echlei s Gfüeu, äs loufi bi ihne öppe so.

Wär weiss, villecht wei s Tanja und dr Claudio das Gschäftsjubiläum ou nume dürezieh, wüu si dr Papa wider echlei wei a sich binge.

Am Claudio dörf me keis Wort vo dämm Haubbrueder verzöue, süsch wärdi dä grad verruckt, het s Gabi gseit. Aber äs heig dä gärn. Dä chönni schliesslich nüt für ihri Familieverhäutnis.

D Muetter heig e Zitlang Kontakt gha mit dere Frou, aber plötzlich sigs ere de doch z vüu worde.

Die isch haut zwänzg Johr jünger aus Gerda. Villecht isch äs wägedämm ifersüchtig worde.

I ha scho mängisch gseit zum Hans, mir wüsse nit wie schön dass mirs hei i üser Familie. Mir hei kei Gäut, und drumm gits wägem Erbe einisch keis Gschtürm.

D Buebe säge immer, bruchet aues, was dr heit. Wäge üs müesst dr nit schpare. Mir verdiene säuber gnue.

S Tanja und s Gabi si nächti fasch hinger nang cho wägem Lifte.

S Tanja het gmeint, es sigi jedi Frou blöd, wo vüu Faute im Gsicht heig, und sich nit löi lo lifte. D Lüt luegi doch aui nume ufs Üssere. Und sobau e Frou es paar Runzele im Gsicht heigi, wärdi si fasch nümme beachtet. Äs heigi dr Muetter mängisch gseit, si söui sich doch lo lifte. Aus Frou müessi me haut aues mache, dass me attraktiv blibi. Wär sich nit Müei gäbi, einigermasse guet uszgseh, dä sigi säuber tschuud, wenn dr Partner sich haut de nach öpper angerem umeluegi.

S Gabi isch ganz rot worde im Gsicht. Äs het gseit, los Tanja, so öppis Gemeins, wie das, wo jetze gseit hesch, han i scho lang nümme ghört. Du weisch ganz genau, dass dr Papa nid angers hätt gläbt, ou wenn d Muetter no mit füfzgi kei Faute im Gsicht hätt gha. Eso dumm chasch doch nid über das Problem rede.

S Tanja het de gseit, äs göngi nit nume ums Lifte. Me chönni sich scho mit weni Mittu so zwäg mache, dass me für d Lüt intressant blibi.

Är kenni vüu Froue, wo sich aui Müei gäbe, sich z schmingge und ufzputze, wägedämm chömi die ihm nid intressanter vor, het dr Ruedi gmeint. Im Gägeteil, är dänki aube, die würde das gschider de junge Meitli überlo, und würde die Zit bruche, für einisch es Buech z läse, de hätte si villecht en Usschtrahlig, wo eim würdi intressiere.

Dir mit üiem Büecherläse, het sich s Tanja ufgregt, wär list hütt scho no Büecher. I blibe drbi, nume s Üssere zöut. Und a dämm sit jo eigentlich dir Manne tschuud. Dir zwinget jo d Froue, sich eso ufzputze.

Dr Zuffi het sofort am Tanja ghuufe. Är het gseit, är müessis ehrlich zuegä. Wenn eini guet zwäg gmacht sig, lueg är ere sofort noche. Si Frou schminggi sich jede Morge, ou wenn si de nume deheime blibi. Das sig doch nüt Schlächts. Wenn är meh Fröid anere heig, wenn si mit schöne rote Lippe i dr Huushautig umeloufi, de sig jo aune ghuufe.

Dass die Lifterei echlei e problematischi Sach isch, hets ihn de doch ou dunkt. Är het gseit, vor auem gsuchs doch komisch us, wüu d Faute am Haus nit chönni wäggschnitte wärde. Und de passi das glatte Gsicht gar nit zum runzlige Haus.

Das Lifte machi ihns ganz truurig, het s Gabi gseit. Me sötti doch zu sim Gsicht ou im Auter schtoh. Das drücki schliesslich s gläbte Läbe us, und das sigi öppis Furchtbars, sich aui die Fröide und Enttüschige, wo das Gsicht heige prägt, eifach eso lo wägg z schnide. Äs chönni nit begriffe, dass das öpper löi lo mache. Und wenns dra dänki, dass mit so Operatione vüu Gäut verdient wärdi, überchömi äs sowiso fasch e Wuetafau.

Die Lifterei passt i üsi Zit, het dr Ruedi gmeint. Me wärdi gäng wie oberflächlicher, und wenn irgend e Füumschtar son e Blödsinn aföi, machis haut de z letscht jedi Sekretärin noche, wüu me sich haut hüttzutag jede Blödsinn chönni leischte.

Entschuudigung, aber i bi nit Sekretärin, i bi Betribsleitere, het s Tanja gmacht. Schpöteschtens i zäh Johr lon i mi uf jede Fau lo lifte. Aber nit wüu d Füumschtare das mache, nei, nume wüu i zu mir Meinig schtoh, dass me aus Frou aus söu mache, was möglich isch, für attraktiv z blibe.

Dr Claudio und i hei nume zueglost. Är het äuä ou dänkt, das isch doch es dumms Glafer.

Dr Hans het gseit, öpper won e Mönsch im Schtich lot, nume wüu är es paar Faute im Gsicht het, isch e Hung. Bsungers wenn me de no johrzähntelang zäme gläbt het. Aber är kenni das dumme Gschnurr vom Büro, dört wärdi ou nüt Gschiders gret.

Dr Hans meint, aus nöchschts löii sich jetze dänk de no aui die gliche Einheitsnase lo aneoperiere. Mit de meischte Lüt chönni me aues mache. Das müessi nume e grissne Wärbefritz i d Hang näh, und die nötigi Reklame drfür mache.

Üsi Sekretärinne si immer aui tiptop zwäggmacht, seit dr Hans gäng, aber öppis Intressants wüsse die säute z verzöue. Läse tüe die sowiso nüt, und am Färnseh luege si nume Mischt.

De isch de dr Hans scho angers. Är luegt gärn Füume vo frömde Länder, oder öppe e Sändig über Tier. Und de verzöut är mir am angere Tag drvo.

I froge am Färnseh nit so vüu drno, i bruche Zit lieber zum Handarbeite. Am liebschte lismi natürlich für üsi Grossching.

Für em Patrick sini zwe Buebe, em Chrischtian und em Dominik, machi jetze grad Kniesocke.

Dr Chrischtian isch chürzlech sächsi gsi. Imene Johr mues är i d Schueu. Dr Dominik isch vieri. S nöchscht Johr chönnt är i Chindergarte. Aber i gloube nit, dass ne s Martina scho wett schicke. Äs isch nid e Muetter, wo nit ma gwarte, bis äs d Ching los het.

Em Nicolas sis Meitli, s Doris, isch jetze ou scho drü. Äs glicht ganz em Vater. Mängisch dunkts mi, äs heig sogar öppis vom Hans gerbt.

Am Dorisli lismi uf d Wiehnacht es Jäggli. I ha grad chürzlich imene Heftli es schöns gseh unds em Karin zeigt. Äs fröit sich immer, wenns sir Tochter öppis cha alegge, wo s Grosi gmacht het.

S Karin seit gäng, s isch wahnsinnig, wie d Chindermode i de letschte Johr ufcho isch. Äs gub vüu luschtigi Chleider, aber wenn me se säuber cha mache, chömi si eim haut scho büuiger.

Em Karin si Muetter isch Handarbeitslehrerin gsi. Das merkt me guet, äs lismet oder schnideret gäng a öppisem, wenns drzue chunnt. Aber äs schetzts trotzdämm, wenn i ne wider öppis bringe.

Ei Tag han i ou a de Socke vom Chrischtian glismet, und dr Hans het mr drzue vo dämm Buur vom Züribiet verzöut. I bi mi fasch rüiig, dass i dä Füum nit gluegt ha. Dä Buur mues nämlich würklich e säutni Begabig ha. I dr Zitig heigs gheisse: Er spürt, was keiner sehen kann.

Eso zoubere wie dr Sai Baba chan är zwar nit. Aber dr Hans meint, das sig ganz öppis Idrücklichs gsi, wie dä eifach i d Wüeschti useloufi, d Arme i d Luft schtrecki, und de plötzlich d Häng föii afo usschlo, und zwar genau i dere Richtig, wos Schtrahlige heig vo Wasser, Öu oder Metau. Dä bruchi keis Pändu und kei Ruete.

Dass es ohni göi, heig är einisch gmerkt, wüu är d Ruete heig vergässe gha deheim. Sithär machi är die Arbeit eifach ohni.

E Farmer z Südafrika heig ihn lo cho, wüu süsch sini Tier aui verdurschtet wäre. Dä Buur heig i churzer Zit acht Quelle gfunge.

S Verruckte sig, dä fingi so Schtrahlige, vo Guud zum Bischpüu, ou deheime, wenn är nume mit emene Chuguschriber über d Landcharte vo Ouschtralie fahri.

Plötzlich heig dä Chuguschriber wie wüud afo usschlo, und het ihm grad azeichnet, wo si de schpöter ou würklich heige Guud gfunge.

Aber lo zahle löi är sich nit für si Arbeit. Är sägi, das sig e Begabig, won är vo Gott heigi gschänkt übercho, und die dörfi är nid i Münz verwandle, süsch verlür är se.

Dr Hans het gseit, hoffentlich hei das die Herre i üsem Land, wo zum Teil e haubi Million und meh im Johr kassiere, ou ghört. Wär das schön, wenn sich die Lüt mit dene unsinnige Ikomme ou mou würde säge, si mieche einisch öppis gratis, zum Bischpüu für Lüt, wo uf jedes Füifi müesse luege.

Em Hans het so guet gfaue, wie dä Buur im Herbscht, wenn är wider eigete Süessmoscht het, sini Fründe iladt, mit ne dä Süessmoscht probiert, und es Schtück Chäs drzue isst.

Es si doch gäng die unschinbare schtüue Lüt, wo so

ne bsungeri Begabig hei, het dr Hans gseit. S isch guet, dass si vo dämm Ma e Füum gmacht hei, de het me sich wider einisch dra erinneret, dass es öppis git, wo exischtiert, ou wenn mes nit gseht.

Zum Abschluss heig dä Buur verzöut, vo jung heig är zwüsche drei Froue chönne uswähle. Är heig gottlob die richtigi verwütscht. Si zwöi heiges nämlich immer schön gha zäme. Dr Hans het gmeint, das isch jo ou keis Kunschtschtück, dä het dänk eifach gluegt, bi welere dass d Ruete am schterchschte usgschlage het.

S isch schad zeichnet dr Hans jetze schon es Zitli nümme. Mi het immer dunkt, är chönni sich bim Zeichne am beschte vo dr Büroarbeit erhole. Aber es het haut aues si Zit. Villecht fot är de wider a drmit, wenn är pangsioniert isch.

D Lüt hei immer Fröid gha a sine Zeichnige. Vor auem, wenn är öppe es auts Huus vom Dorf oder d Chüuche zeichnet het.

Für bed Buebe het är ufs Hochzit mit Bleischtift es wunderbars Büud vo üsem Dorf zeichnet. Är isch mängisch gäge Bärg ufegloffe, dass är e schöne Blick het gha, für d Skizze z mache.

D Buebe heis bed ufghänkt i ihrne grosse Wohnzimmer. Und si säge immer, wie das es schöns Adänke sig a ihri Jugendzit.

Dr Hans weiss ou nit, vo wäm är die Begabig het. I

ihrer Verwandtschaft het süsch nie öpper zeichnet.

I bi froh, het är nie afo Öubüuder mole i dr Wohnig inne. Das hätt em äuä müesse verbiete. Wenn de gäng aus vou Farb wär gsi im Zimmer hinge, wärs mr de doch z vüu worde. Aber är isch haut e verschtändige Mönsch, und het das nume einisch usprobiert.

I ha gseit, mit Bleischtift zeichne isch jo ou schön, oder ou mit Wasserfarb cha me doch ganz schöni Sache mache.

Am meischte Fröid amene Büud vom Hans het dr Honegger gha, won es Zitli do im Huus het gwohnt.

Mir hei süsch nie vüu Kontakt pflegt mit de drei angerne Parteie. I ha em Hans immer gseit, mir grüesse und si fründlich, aber mir wei keis Glöif ha.

Nume dä Herr Honegger het üs immer e bsungere Idruck gmacht. Drumm hei mr em de öppe gseit, är söu zum Ässe cho.

Denn het är imene Möbugschäft gschaffet. Är isch go häufe Wohnwäng ufboue und Bett zämeschtöue.

Är het de mou verzöut, är sig bis vor paar Johr Ingenieur gsi, und heigi Bodeungersuechige gleitet.

Plötzlich heig är aber dänkt, si Frou kenni är immer noni, und drbi sige si jetze doch scho es paar Johr ghürote.

Es heigi ou kei Ussicht gä, dass är dere Person einisch nöcher wäri cho. Won ihm die Chöuti unerträglich sig worde, heig är am gliche Tag mit eim Brief d Scheidig igä, und mit emene angere si gueti Schtöu kündet, trotz de zwöi Ching, won är eigentlich ganz gärn gha heig.

Es isch nämlich eso, het dr Herr Honegger gseit, und s lingge Hosebei ufezoge, är heig aus junge Ma e Töffunfau gha, und heig de ungerem lingge Chnöi s Bei müesse lo amputiere.

I ha zum Herr Honegger gseit, das hätt i auso nie gmerkt, dass dir e Prothese heit.

Är gäbi sich haut aui Müei, eso z loufe, dass me nüt merki. Es paar Johr sig är ine Boxclub gange, heig sogar Kämpf gmacht, nume für dr Frou z bewise, dass är e vouwärtige Ma sig.

Mängs Johr nach dr Scheidig heig är si Exfrou wider einisch troffe. De heig die zuegä, dass se grad die Boxerei ageklet heig, und überhoupt heigs ere vor dere Prothese gäng gruuset. Aber si heig nie öppis gseit, wüu si ihn nit het wöue verletze.

Jetz heig är aber e Fründin, wo Verschtändnis für ihn het. Si sigi ou gehbehinderet.

Die erschti Frou sig vor zwe Monet gschtorbe, het dr Honegger gseit. Im Momänt heig är vüu z tue mit de Behörde, wäge de Ching und de Öutere vo dere Frou.

Mir hei es paar ganz schöni Öbe gha mit dämm Herr Honegger. Es isch schad, isch är wider wäggzüglet. I han em immer gärn zueglost.

Dr Hans het gseit, do chasch gseh, wenn mir ne nit hätte iglade, hätte mr gar nie gwüsst, dass dä e Prothese het.

I ha zum Hans gseit, mi het das auso ehrlich gseit ou gruuset, won är s Hosebei het ufezoge, und i plötzlich die Prothese gseh ha.

Aber die Frou het das jo gwüsst, und wenn sis nit het vertreit, hätt si sich haut mit dämm Herr Honegger gar nit söue ilo.

Denn, won em dr Hans das Sunnebluemebüud het gschänkt, het dr Honegger gseit, är moli und schribi mängisch ou. Das tüegi ihn eifach berueige, und me chömi so über mängs ewägg.

I gloube, dr Hans hätt das wägedämm nit nötig. Är isch vo Natur us e rueige Mönsch.

Nume wenn em öppis uf e Närv git, wie chürzlich dä Nashorntransport z Ängland, de chan är de ou mou luter wärde.

Är het gseit, das sig doch eifach kei Manier, es zähjährigs wiblichs Nashorn schtungelang imene Ahänger uf dr Outobahn z transportiere, nume wüu me us Profitsucht jungi Nashörner heig wöue ufzieh.

Die Reis het de natürlich die Hilda so ufgregt, dass si uf dr Outobahn us dämm Transporter gschprunge isch.

Die Outofahrer heige äuä schön gluegt, wo si die drütönnigi Hilda heige uf dr Outobahn gseh umeloufe.

D Beträier heige sofort probiert, das Nashorn wider i dä Ahänger zrugg z locke. Aber die Hilda heig sich nit no einisch lo verwütsche.

Drumm hei si de das arme Tier zwöimou müesse

betöibe. Z erschte Mou sig d Schprütze gar nit dür die dicki Nashornhuut drunge.

Aber d Hilda sig nümme us dere Narkose erwachet.

Dr Hans het gmeint, dä Schpaziergang uf dr Outobahn heig ere grad dr Boge gä. Wo die gseh heig, wie blöd gfahre wärdi, heig die doch dänkt, jetz längts mr, das isch jo nit zum Ushaute.

I ha dr Hans begriffe, dass är sich ab dere Tierquälerei eso het ufgregt. So öppis macht me nid emou mit emene Nashorn. Wenn jetz grad es männlichs Tier wär i dr Nöchi gsi, hätt i nüt drgäge, wenn si wei probiere, öbs Jungi gäbi. Aber eso ne Transport darf me amene Nashorn nit zuemuete. Das arme Tier het jo nid emou chönne wüsse, wieso dass me ihns het umegschleipft.

Dr Ruedi het vorgschlage, öb me ächt im Schtadttheater chönnti e Vorschtöuig choufe. Drühundert Persone würde das Theater jo fasch vüue. Die chönnte jo es Luschtschpüu oder e Ehekomödie schpile, wo aui Fröid dra hätte.

Nächhär chönnt me jo de gäng no go ässe. Villecht wärs dr Leitig vom Schtadttheater möglich, d Vorschtöuig scho am früeche Obe azetze.

S Gabi het gseit, me chönni sich das jo überlegge. Dr Ruedi söui sich doch mou im Theater nach em Schpüuplan erkundige. Jetze, Ändi Juni, sigi dä sicher bekannt.

Dr Papa het zwar am Theater nie öppis drno gfrogt,

het s Tanja gmacht, ou am Färnseh luegt är nume säute e Schpüufüum.

Wenn wett är ou, het s Gabi gseit.

Dr Claudio het de gfrogt, was für ne Musig für dä Obe am beschte geignet wär.

Die meischte Lüt, wo me wird ilade, si dänk öppe um die füfzgi und öuter, het dr Zuffi gmeint.

Dr Claudio isch gar nid eso sicher gsi. Är chönni sich nid es rächts Büud mache, was für nes Publikum de wärdi uftouche.

Irgend e Popmusig dörfe mr de Lüt sicher nit zuemuete, het s Gabi gseit. Und e Ländlerkapäue chiemti ou nit bi aune a.

Das wird würklich schwirig, han i gmacht.

Em Gabi isch de e Kollegin i Sinn cho, wo einisch vonere Gruppe vo Bärn het gschwärmt. Äs müessi mit dämm Vreni no einisch rede, und de luege, öbs die «Häxebäse» binere Glägeheit chönnti go lose.

D «Häxebäse» sige e Zigüner-Banda. Die füif Musiker schpili Melodie vo de Fahrende. Die Kollegin heigi gseit, das sig wunderbar, wie die fröhlichi und truurigi Lieder, und ou Tänz vo de Zigüner schpili. Si bringi aber ou Schtück vo Hirte und bedrohte Minderheite.

Dä Vorschlag het sofort aui begeischteret. Dr Ruedi het gmeint, Musig vo Fahrende sig für e Daniele genau s Richtige.

Mir chönnte jo villecht grad aui einisch go ne Uftritt vo dene «Häxebäse» lose, het dr Claudio vorgschlage.

S Gabi het gseit, e gueti Musig sig s Wichtigschte, für dass dä Obe glingi. Die Gruppe chönnti jo scho während em Ässe es paar Schtück schpile, und schpöter ou zum Tanze.

Am Gabi säg i scho gli einisch, dr Hans und i würdi a dämm Jubiläum gärn näbe ihm und em Michel hocke. Dr Ruedi wär de sicher ou no bi ihne.

Em Hans ischs jo dänk de sowiso zwider mitzcho. Wenn är aber weiss, dass mr s Gabi am Tisch hei, chunnt är de villecht lieber.

Är seit gäng, mit so eim wie dr Daniele isch, würd är sich eigentlich i dr Öffentlichkeit nie zeige, ou wenn dä Millionär sig. Aber wenn me i de Lüt inne hocki, gsuch eim jo de villecht niemer.

S Tanja het gseit, im Grund gno sig dänk das Fescht aune vo üs nit grad es grosses Alige. Aber äs het gmeint, ou wenn me mängisch nit gärn göngi, und villecht fasch kei Mönsch kenni, sigs glich wichtig, hie und do zämezcho, und echlei z feschte. Nume gäng chrampfe sig ou nid aues.

Hoffentlich wei si nid uf Bärn. I mues es zwar nit zahle, aber mi würd das eifach echlei übertribe dunke.

Was würde die z Bärn obe ächt dänke, wenn mir mit sibe Car drhärchöme, nume wüu do es Bougschäft s vierzgjährige Jubiläum het.

Öpper vom Gmeinrot wird dänk de ou iglade. Die

chöme dänk de nit noche, werum dr Hans und i ou drbi si. I ha schliesslich nie öpperem gseit, i göngi zu Fontanas go putze. Villecht chöi sich die de gar nit vorschtöue, dass so richi Lüt mit so eifache Bürger chöi befründet si.

Eismou isch s Gerda ganz ufgregt gsi, won i am Fritigmorge cho bi. I has gfrogt, was isch Gerda, isch öppis passiert. De hets gseit, nei, eigentlich nid. I finge nume im Momänt s Fotoaubum nümme, wo d Schueufotone drinne si.

Mängisch, wenn em d Schueuzit i Sinn chömi, nähms de das Aubum, und luegi aui die Gsichter vo dene Fründinne und Fründe a, wo äs denn heig gha. Äs müessis eifach verleit ha, es chömi de hoffentlich scho wider füre.

Am liebschte heig äs d Fröilein Waser gha, wo mr i dr erschte und zwöite Klass zuenere si, het s Gerda gseit. Mir isch es genau glich gange.

S Gerda het rächt, wenns seit, äs heig im ganze Läbe nie meh eso ne liebe Mönsch glehrt kenne.

I ha scho mängisch dänkt, jetze isch das bau sächzg Johr, dass mr zu dere Fröilein Waser i d Schueu si. Aber die Liebi, wo me bi dere Lehrerin jede Tag het dörfe gschpüre, erläbt me ou nach dere Zit wider nüii, wenn me nume a dä Mönsch dänkt. Und drbi läbt die Fröilein Waser dänk scho lang nümme.

Wo mr sächzgi si gsi, hei die wo d Klassezämekunft

organisiert hei, uf jede Fau nümme usegfunge, wo si wohnt. Z letscht sig si imene Autersheim gsi i dr Oschtschwiz.

Die Lehrerin het jedes Ching gärn gha und akzeptiert, wies isch gsi. Drumm isch si ou mit de gröschte Luusbuebe z Rank cho, het s Gerda gseit.

Bi disne Lehrer hei die nächhär Schwirigkeite gha. No a dr letschte Klassezämekunft, nach füfzg Johr, hei vüu vo dene Kollege gseit, si heige immer no son e Hass uf dä Lehrer Rotschi, wüu är se gäng heig plogt und lächerlich gmacht, dass si nem jetze no würde e Chlapf a Gring houe, wenn si ne nume gsuche.

S Gerda het gseit, do gsesch nume, wie so Gfüeu i eim witerläbe, und me mues glücklich si, wenn me einisch het dörfe erfahre, was Liebi isch.

S Gerda und i si aube zäme d Fröilein Waser go abhole, wenn si mit em Velo isch z Dorf z düruf cho z loufe. Eis het ere de s Velo gschtosse, s angere het si a dr Hang gno, und isch mit em näbeine gloffe.

Mängisch het si no d Giige bi sich gha. Das isch immer die gröschti Fröid gsi, wenn si üs zum Singe begleitet het drmit. «Juchhei Blümelein, dufte und blühe», hei mr aube gsunge. Bim «Strecke alle Blätter aus», hei mr d Arme i d Luft gha, und bi «wachse bis zum Himmel 'naus» hei mr sogar dörfe ufschtoh, und d Arme usschtrecke.

S Gerda het gmacht, du muesch villecht lache, aber i singe das Lied mängisch jetze no.

I ha gseit, los Gerda, wenn mr i füif Johr sibezgi si, und no läbe, wird das Lied a dr Klassezämekunft wider gsunge, und zwar äxtra für di.

S Gerda het gmeint, de chasch de singe «wachse bis zum Himmel 'naus». Villecht si mr de denn scho säuber dört obe. Das cha eim i üsem Auter vo eim Tag uf en anger öppis gä.

Vüu us dr Schueuzit hätt i scho lang vergässe, wenn s Gerda nid aube würdi drvo verzöue. Eis Mou hets sogar gseit, äs gsuch jetze grad wider die Brosche, wo d Fröilein Waser uf ihrem wisse Blusli a dr Schueureis treit heig, wo mr i dr erschte Klass im Hotel am Äschisee heige en Äbbeerichueche gässe.

S truurigschte Erläbnis vo dr ganze Schueuzit, won i mit em Gerda zäme gha ha, isch einisch amene Morge nach dr Schueu passiert.

Mir si zäme vom Schueuhuus d Schtross ab gloffe, wo plötzlich es Ross mit emene Bockwage dr Chüucheschtutz ab isch cho z schpränge.

Es paar Lüt, wo dämm zuegluegt hei, hei afo brüele, wüu me s Unglück het gseh cho.

Das Ross het i dämm Tämpo d Kurve nit verwütscht, und schpringt gradus ine Gartehag us schmale Isescheieli. Vo dene isch das arme Tier ufgschpiesst worde.

Dr Bitterli Sepp, e Chorber, het mit dämm Bockwage amene Buur wöue d Chörb bringe.

Dä Sepp isch aber so bsoffe gsi, dass är am Chüucheschtutz d Bräms nid azoge het, und das schöne Ross het i d Tod gjagt. Dr Metzger isch de cho und hets verschosse.

S Gerda seit gäng, äs vergässi die Ouge vo dämm arme Tier nie.

Das Ross mues furchtbar glitte ha, bis äs de isch erlöst worde.

D Chörb si s Dorf ab drolet, s Ross tod. Dr Sepp het uf em Bockwage obe grännet, und het äuä gar nit rächt gwüsst, was passiert isch.

S Gerda het einisch gseit, wo mr nang das Unglück wider hei verzöut, das isch öppis Furchtbars, wenn du bi öpperem igschpannet bisch, und di dä lot lo is Verderbe rönne. Äs heigi scho mängisch a das Ross müesse dänke.

S Tanja cha sich ou furchtbar ufrege. Äs het verzöut, bi ihne im Tenniscenter sig sibemou nach nang ibroche worde. Jetze heige si dä Ibrächer ändlich verwütscht. Natürlich ischs e Drögeler gsi, het s Tanja gmacht.

Äs heig immer dänkt, das müessi eine si, wo Gäut bruchi für Schtoff z choufe. Dä heigi i de letschte Monet jo vierzg Ibrüch gmacht i dr Umgäbig.

Dr Zuffi het zueglost und de gseit, ihn dunki das langsam e Kataschtrofe, das Drogeproblem. Wenn är öppis z säge hätt, wär är drfür, dass me das ganze Drogepack würdi a d Wang schtöue oder ischlöfe.

Meh isch die Soubruet nit wärt, het dr Zuffi gmacht.

So darfsch doch nit rede, Wauter, het dr Ruedi gseit, mir si doch keini Nazi.

Nazi hin oder här, het dr Zuffi sich ufgregt, das chasch du i jeder Zitig läse, wär einisch mit Droge agfange het, chunnt nie meh drvo wägg. Die Lüt si Usschuss zum Furtschiesse.

Är sig einisch z Bärn bim Schänzli düregloffe. Was är dört gseh heig, das heig ihm grad dr Boge gä. Är heig zu dr Frou gseit, am gschidschte würdisch die Soubande vergase. Die gseh jo us wie Tier. Das isch jo würklich e Kataschtrofe.

Dr Ruedi het sich für die Lüt gwehrt. Wauter, het är gseit, das si trotzauem glich no Mönsche, und zwar settigi, wo üsi Hüuf bruche. Die darf me nie ufgä. Und es git immer settigi, wo dr Wäg zrugg wider finge. Mir wüsse jo nit, wie mir würde läbe, wenn mir jetze jung wäre.

I ha Schport tribe, won i jung gsi bi, het dr Wauter zrugggä. Aber gang säg das dene. Die wäre jo z fuu, sich z bewege. Mir si jo würklich Duble, dass mir Schtüre zahle, nume dass si mit dämm Gäut settigs Gsindu chöi ufpäppele.

Wauter, du würdisch äuä nid eso rede, het s Gabi gseit, wenn du aus Lehrer chönntisch verfouge, wie vüu Ching johrelang a de Familieverhäutnis müesse liide, und de schliesslich im Drogemilieu lande. Mi tschuderets ganz, wenn du eso retsch.

Wenns mit dene Ibrüch nid ufhöri, choufi äs e Pischtole, und lehri schiesse, het s Tanja gseit. De chönnis de für nüt garantiere, wenns einisch eine verwütschi im Center.

Bravo Tanja, het dr Zuffi gseit, lo die Cheibe nume um. Schad für jede Schuss, wo drnäbe geit. Z Amerika fahre si ab mit dene Brüeder. I bi überzügt, das würdi bi üs bessere, wenn mir d Todesschtrof hätte.

Nei Wauter, het dr Claudio gseit. D Todesschtrof nützt ou z Amerika nüt. Im Gägeteil, d Kriminalität schtigt dört trotzdämm immer witer. Jedes Johr gits 20'000 Mordfäu. Aber nume öppe 300 Mörder wärde zum Tod verurteilt.

E Jurischt heig gseit, die Todesurteil sige e makabri Lotterie. Es gäbi vüu Richter und Schtaatsanwäut, wo politisch wöui Karriere mache. Die göngi de buechschtäblich über Liiche, für z bewise, dass si für Ornig und Sicherheit chönni sorge. Dr tüpisch Kandidat für nes Todesurteil sigi schwarz, arm, ohni Büudig, und heig e Wisse ermordet.

S Gabi het verzöut, äs heigi grad e Bricht gläse über ne Todeskandidat. Das heig ihns ganz erschütteret. Dä warti sit acht Johr inere füif Quadratmeter grosse Zäue, hinger offnige Gitterschtäb uf e Tod.

Das gubs natürlich bi mir nit, het dr Zuffi igriffe, die chiemte vo eim Tag uf en anger wägg.

S Gabi het witergfahre, dä Ma heig gschribe, är sig für sini Richter nume e Bigi Papier vo füfzg Site Akte.

Und die entscheidi über ihn, ohni ihn einisch gseh z ha. Für d Wärter sig är es Schtück Fleisch, wo si scho lang wette abha.

E Mitgfangne sig härzchrank gsi. Über die nötigi Operation heige si so lang diskutiert, bis är amene Infarkt gschtorbe isch.

Los Gabi, i cha di nit verschtoh, wenn du Verbrächer wottsch i Schutz näh, het dr Zuffi gseit. I ha im Läbe d Erfahrig gmacht, dass es aschtändigi Lüt git, aber ou settigi, wo nit wüsse, was sich ghört. I bi drfür, dass me die, wo ihri Sach mache, schützt vor settigne, wo nit guet tüei. Drumm bin i ou drfür, dass me mit so Pack abfahrt.

Dr Ruedi het zum Wauter gseit, är möchti binere angere Glägeheit mit ihm über das Problem rede, jetze sigi mir jo sowiso für öppis angers do.

I möcht glich no fertig verzöue, het s Gabi gseit. Dä Todeskandidat het i de letschte zäh Johr erläbt, wie acht Mitgfangni abgfüert worde si zur Hirichtig. Eine vo dene isch e 32jährige Schwarze gsi, e geischtig Zruggblibne uf em Niveau vomene achtjährige Ching. Wo si ne zur Exekution ghout hei, het är dr Wärter gfrogt, weli Bchleidig är söu alegge zu sim Begräbnis.

I dr Todeszäue ghöri die Verurteilte füfzäh Tag lang, wie si dr elektrisch Schtueu usprobiere.

D Hänker heissi sit churzem Todesarbeiter, und me schaffi jetze aus Team, dass dr Schtress für ne Einzelne nit so gross isch.

Ei Ma sigi bi dr Hirichtig zum Bischpüu für s rächte Bei verantwortlich. Dä müessi s Hosebei uferoue, d Elektrode alegge, und de s Bei mit emene Gurt feschtschnaue.

Mängisch sig e Generator z höch igschtöut. De verbrönnis haut öppe eine. Aber das sige Afängerproblem. Bimene guet igschpüute Team loufi aues wie am Schnüerli.

Dr Claudio isch ou ganz gäge d Todesschtrof. Är het gseit, sit em Reagan heig me s Gäut gäng wie meh für nüii Gfängnis usgä, anschtatt dass me hätti Heim bouet, zum Bischpüu für Geischteschranki. Die arme Tröpf hocke jetze uf dr Schtross, und gönge langsam z Grund.

Bimene Nachtässe z Los Angeles heig einisch e vornähmi Frou glich gret wie dr Wauter. Die heig zu ihm gseit, die Beschtie, wo do so i dr Schtadt umehangi, sött me foutere, bevor me se umbringt. Oder me chönnt se jo ou für medizinische Experimänt bruche.

Dr Claudio meint, Amerika chömi wägem Drogeproblem no i grossi Schwirigkeite. Jede Tag chömi 600 Babys uf d Wäut vo Müettere, wo kokainsüchtig si. Die Ching sige nume 1500 Gramm, heige Wachstumsschtörige und Ghirnschäde.

S Tanja het gseit, sigs wies wöu, äs lehri schiesse. Villecht sigs jo ou mou froh, dass äs sich gäge ne Vergwautigung chönni wehre.

Gottlob hei mir drü Grossching. Dr Hans seit ou gäng, die si üsi gröschti Fröid. Was het me scho vo de Erwachsne. Die wärde jo gäng wie komischer.

Vor emene Monet, wo dr Chrischtian isch sächsi worde, si aui drü amene Sunndig bi üs gsi.

Mir heis schön gha zäme. S Doris het aube gar Fröid, wenns mit sine Cousins cha schpile.

Si si scho am Morge cho. Dr Dominik het si Outotransporter mitbrocht, won är vom Götti het z Wiehnacht übercho.

S Doris het ihm immer wider ghuufe, d Outo uflade. De si si mit ne i dr Wohnig umegfahre, bis si se wider hei abglade.

Dr Chrischtian luegt lieber Büuderbüecher a. Das git dr glich Büecherwurm wie dr Patrick isch gsi.

E Lehrer het einisch gseit, dä heigi i zwöi Johr fasch die ganzi Bibliothek gläse.

Dr Hans het am Chrischtian es wunderbars Büuderlexikon kouft. Uf eire Site si Tier, Pflanze und vüu Sache us dr ganze Wäut abbüudet, näbedra schtöh d Erklärige drzue.

I bi de zuenem ghocket, und han em über d Tier vo Afrika verzöut. A de Giraffe het är am meischte Fröid gha.

Dr Hans het dene drü verschproche, mir gönge dä Summer einisch mit ne uf Basu i Zoo. Dört hei si jo ou Giraffe.

Dr Chrischtian het sich zum z Mittag Pommes Frittes und es Plätzli gwünscht. Wie die hei möge ässe.

Das isch ganz öppis Wichtigs, het dr Hans gseit, dass me mit de Ching es chlis Feschtli macht und öppis mit ne isst. Üsi zwe Buebe heis bis hütt nie vergässe, dass mr öppen einisch e bsungere Tag mit ne gmacht hei.

Nach em Ässe han i gseit, so, jetze erfinge mir zäme e Gschicht. I fo a, de geits im Kreis ume witer, bis üs nüt meh i Sinn chunnt.

I ha de agfange mit: Einisch isch e Bueb gsi. Dr Chrischtian het sofort gmacht: Und dä het Geburtstag gha. Dr Dominik het nit lang gschtudiert: Drumm hei mr aui zum Grossvater und dr Grossmuetter dörfe.

Dr Hans het de am Doris echlei müesse häufe, bis äs het gseit: Und de het jedes es Caramelchöpfli übercho.

Mir hei sicher e Viertuschtung lang die Gschicht witergschpunne. Dr Chrischtian het natürlich immer wider öppis vo Giraffe verzöut.

Am Nomittag si mr mit ne go schpaziere. Dr Hans het am Chrischtian scho die einte oder angere Pflanze zeigt, und em dr Name drzue glehrt.

Das isch würklich e schöne Tag gsi. Dr Hans seit gäng, mir hei Glück, dass dr Patrick und dr Nicolas so nätti Froue hei verwütscht. Gottlob hei si settigi usegläse, wo ou guet zu üs passe. Bedes si Gschaffigi, wo sich gärn dr Familie widme. Es si keini Modepuppe, wo dumm lafere über Emanzipation und so Züg.

S isch schad, chöi die Ching nümme zum Unggle Edi uf e Buurehof i d Ferie. Wien i mi aube gfröit ha uf die Tier und ufs Dusseschaffe.

Bsungers im Herbscht isch das aube schön gsi, wenn so vüu Lüt nang hei ghuufe Härdöpfu ufläse und Runggle putze.

Dr Unggle Edi het d Runggle usgrisse und s Loub abghoue. Mir hei se de putzt und se z Obe ufglade.

Wenn dr Bode nass gsi isch, isch dä Wage mit dene Isereife mängisch so töif igsunke, dass si drü Ross hei müesse aschpanne.

Am meischte Fröid hei mr gha, wenn mir Ching d Härdöpfuschtude hei dörfe ane Huufe gheie, und se azünte.

De si mr so mängisch dür e Rouch gschprunge, bis es üs fasch isch trümlig worde.

E Huusierere us em Wallis han i ou nie vergässe, wie si aube mit ihrer War isch uf dä Buurehof cho. Si het ganz e bruni Hut gha, dunkli Ouge und schwarzi Hoor. Uf em Rügge het si so ne grossi Hutte treit, dass me gäng fasch het Angscht gha, si brächi unger dere Lascht zäme.

Wenn sis grad het ufs z Mittag breicht, het se s Tante Hedi zum Ässe iglade.

Me het guet müesse ufpasse, dass me ihre Dialäkt verschtange het, wenn si verzöut het, was si uf ihrer Reis aues erläbi.

Nach em Ässe het si ihres Züg uspackt. S Tante

Hedi het de nes Handtüechli oder e Schurz kouft, oder was süsch nötig gsi isch.

Das cha me sich hütt gar nümme vorschtöue, dass e Frou, de no vom Wallis, mit son ere schwäre Hutte tagelang ungerwäggs isch, für ihres Brot z verdiene.

Vo dere het me immer öppis Nüiis verno.

Ou wenn me in es Lädeli isch gange, isch das gäng öppis Gmüetlichs gsi.

Die Froue si denn noni eso pressiert gsi wie hütt. Si hei gärn e Momänt gwartet, bis si si dra cho. Drwile hei si Zit gha, echlei mitnang z rede. Und das hei aui gärn gmacht.

Hütt fahrt me mit em Outo vor nes Ichoufszentrum. A dr Kasse mues me möglichscht schnäu ipacke, wüu die nöchschte nit möge gwarte, bis si drachöme. Aues isch pressiert und unfründlich.

I bi gäng froh, wenn dr Hans mitchunnt, und de aube scho fot afo ipacke, drwile dass i no d Ware ufs Fliessband tische.

S Gerda seit ou gäng, äs mögi elleini fasch nümme bcho. Mir müesses jetze de eifach aube mitnä. De chan em eis vo üs häufe. Äs wär sicher froh.

Am Hans sini Hose bringi nümme i das Warehuus zum Chemischreinige. Jetze ischs z zwöite Mou passiert, dass mir die Hose ersch nach emene lengere Gschtürm wider hei zrugg übercho. I ha dere Frou, wo drmit z tue het, gseit, s isch fertig, zu üich bring i nüt meh.

Zerscht het si de mir no wöue irede, i heig die Hose gar nie brocht. De si mr hei go luege, aber si si natürlich nümme im Schaft gsi.

Dr Hans het gseit, mir hei schliesslich noni Arterieverchauchig und bhoupte, mir heige Hose zum Reinige abgä, wenns gar nit schtimmt.

I bi sofort as Telefon, und ha dere Frou Klossner gseit, loset, die Hose si nit do. Wenn dr nit lueget, dass mr se i de nöchschte drei Tag wider hei, schribi a dr Diräktion.

De het si de Bei übercho, und het ändlich i das Reinigungsinschtitut aglüte. Dört hei si se zerscht ou nit gfunge. Si heigi nume schwarzi Hose, wo si nit wüssi, wohi drmit.

Nüt isch, han i gseit, es si graui Hose mit emene fiine Fischgrätmuschter, und nüt angers.

Am anger Tag het si de aglütet, die Hose sige fürecho. Mir söue die Schlamperei entschuudige.

Loset Frou Klossner, han i gseit, dir chöit jo nüt drfür. Aber s isch eifach afe himmutruurig, dass me sich hüttzutàg so mues wehre, wenn me nit gäng wott über d Ohre ghoue wärde.

Si het mi begriffe. Äs geit mir jo genau glich, het si gmacht.

Mir chöi doch nid eifach Hose, wo hundert Franke koschtet hei, lo fahre. Das vermöge mr de doch nid. Und überhoupt si das die, wo dr Hans am liebschte treit.

Wenn mir is nid eso gwehrt hätte, het dr Hans gmeint, hätte mir die nie meh gseh.

Dr Wi choufe mr jetze ou nümme dört, ou wenn si immer guete hei.

I lo mi nid ungschtroft aus Luggnere lo aneschtöue, und mr lo säge, i heig gar keini Hose brocht. Das geit de doch z wit.

Sit es paar Johr choufe mr dr Wi nümme i grössere Mängine i.

Dr Hans het kei Fröid, elleini e Fläsche z trinke, und i ma ne eifach nit verlide. Wüu är z aut worden isch, bis mr ne hei wöue trinke, isch üs mängi gueti Fläsche kaputt gange. Drumm hei mir üs jetze gseit, mir choufe nume no, was mr bruche.

S isch nume schad für das schöne Gschtöu, wo mr einisch kouft hei. S het aube no guet usgseh, wenns vou isch ufgfüut gsi mit dene farbige Decheli uf de Zäpfe.

Dä tot Hung, wo s Tanja von em verzöut het, geit mr dr ganz Tag noche.

Äs het gseit, e Frou, wo zu ihne chömi cho Tennis schpile, heig ihm chürzlich avertrout, was si binere Nochbersfrou heig erläbt.

Si heig die sit paar Tag nie meh gseh, und drumm sig si de zuenere, heig es paar Mou bi ihre glütet.

Wo si wider heig wöue go, sig die Frou de doch no cho uftue. Si sig ganz bleich gsi. Me heig gmerkt, dass sis nit gärn heig gha, dass me se schtört. Aber wüus ese de glich wunger gno heig, sig si dere Nochbere de haut glich i d Wohnig trampet.

Wo si im Wohnzimmer gsi sig, heig si gmeint, äs träff se grad dr Schlag. So öppis heig si jetze doch no nie gseh, heig die Frou gseit. Das sig totau verruckt gsi, was si do atroffe heig.

Uf em Schtubetisch sig dr tot Hung gläge. Und das i wisse Rose inne. A jedem Tischegge heig e Cherze brönnt.

Dr Hung heig si blaui Zunge i die wisse Rose gschtreckt, und gschtunke heigs so furchtbar, dass si heig gmeint, si müessi sich grad übergä.

De het die Frou grännet, und gseit, jetze heig si niemer meh. Si het dä Hung uf d Arme gno und ne umenang treit.

Die Frou het sich nit drfür gha, grad wider z verschwinde. Aber lang heig sis de doch nümme usghaute, het si am Tanja im Tenniscenter verzöut.

Jetze sig dä Hung z Züri uf emene Hundefridhof beärdiget.

S Gabi het fasch Träne i de Ouge gha, wos Tanja vo dere Frou het verzöut. Äs het gseit, das isch eifach öppis Verruckts, dass es Lüt git, wo würklich niemer hei. Äs wüssis ou vo dr Leitere vom Autersheim, wo äs öppe göngi go Gschichte vorläse. Dört gäbis würklich auti Mönsche, wo s ganze Johr nie Bsuech heige, wüu si eifach kei Mönsch meh heige, wo si nöcher kenni.

Dr Claudio het vomene öutere Journalischt verzöut. Wie me erscht jetze wüssi, sig dä ou gäng eso einsam dürs Läbe.

I de letschte Johr heig är de no mit ere junge Frou zäme gläbt. Das isch e Dütschi gsi, wo vüu für sich deheime Arie gsunge het.

«Stirb jetzt, Georg,» heigs em immer wider gseit, «du musst in die Erde.»

Wo dä Kolleg am Schtärbe gsi isch, heig die i de höchschte Tön immer wider «Wir gehn jetzt in die Dunkelheit» i d Schtube use gsunge. Das sig drumm dämm Journalischt si Lieblingsarie gsi.

Do hets dä Hung no schön gha, dä het wenigschtens i auer Ruei chönne abträte.

S isch jo nit gseit, dass me gäng aues mues mache, was eim d Froue befähle, het dr Zuffi gmacht, und drzue glachet. Sini würdi sich äuä zwöimou überlegge, öb si ihm so öppis würdi vorsinge.

E Kolleg het em Claudio gseit, das heig gar niemer gmerkt, dass dä aut Journalischt mit niemerem nöcher Kontakt heig gha, aus ebe mit dere komische junge Frou.

Die sig elleini am Sarg hinge noche gloffe.

Si müessi scho zimli trunke ha, heig dr Totegreber gseit, wo si mit ere Fläsche Wi am Grab sigi abghokket.

Si heigi ei Sigerette nach dr angere groukt, und d Schtummle eifach uf e Sarg abegschosse.

Plötzlich hei d Flamme zum Grab uszünglet. D Totegreber sige cho z schpringe, und heige de afo Härd abeschiesse, dass dä guet Kolleg nit no verbrönnt sig i sim Sarg.

Das isch jo e furchtbari Gschicht, het dr Ruedi gseit. Öb das ächt würklich ou so passiert sig, het är dr Claudio gfrogt.

Är het gseit, är gloubis scho. Dä, wo ihm das heig verzöut, sig dere Sach nochegange, wüu är heig wöue wüsse, wie die Frou dä Kolleg het lo verschwinde.

Denn, wo dr Wauter und dr Daniele uf em Fridhof mit es paar angerne Bursche son e Verwüeschtig agschtöut hei, hätt s Gerda söue merke, dass dä Daniele nit dr richtig Ma für ihns isch. I ha mr no einisch überleit, öb eine, wo hüuft Grabschteine umschtosse, e fiine Mönsch cha si.

Das isch dänk öppe vierzg Johr här sit denn. Aber mir chunnts gäng wider i Sinn, wenn i übere Fridhof go.

Die Bursche si zwar aui bsoffe gsi, aber d Lüt hei sich glich entsetzt.

D Idee heig dr Zuffi gha und disi heige natürlich sofort mitgmacht. Drizäh Grabschteine hei si umgschtosse, Houzchrüz usgrisse und se furtgschosse, e Latärne demoliert und d Schtifmüetterli vo vüune Greber vertschaupet.

Vor em Gricht het dr Daniele gseit, si heige haut nit

gwüsst, was passiert sig, wüu si so vüu trunke gha heige.

Si hei de au e Monet bedingt übercho.

I weiss no, wie mini Öutere si schockiert gsi. Si hei paar Mou gseit, dä Daniele isch äuä chli e Luuscheib.

Gottlob het sich denn a dämm Turnertheater dr Daniele am Gerda gwidmet, und nit mir. He jo, s hätt jo chönne si, i wär mit em go tanze.

S isch eigentlich verruckt, wenn me sich überleit, wie sich eso Verhäutnis abahne, und was de drus cha entschtoh.

D Fotone vo dr Geburtstagsfiir vom Chrischtian zeig i dr Gerda nümme. I ha nem die vo üser letschte Wiehnachtsfiir zeigt, wo bed Söhn mit de Familie si heicho. S Gerda het se agluegt, und de afo gränne. Äs liidet äuä meh aus me meint, dass äs nie Grossmuetter isch worde. Villecht isch haut über d Wiehnacht nume s Gabi binem gsi. Mängisch gloubis am Hans glich, wenn är bhouptet, dä Daniele heig doch das Gerda ou scho abgschlage.

Bis vor paar Johr ischs nämlich öppe vorcho, dass es vo eim Tag uf en anger verschwunde isch.

Das cha guet si, dass dr Daniele s Gerda in es Hotel im Oberland het lo verschwinde, dass ihns niemer het gseh, wenns mit emene blaue Oug wär umegloffe.

Zuemuete mues mes dämm Daniele eigentlich. Mängisch het är nämlich ganz e brutale Gsichtsusdruck.

Aus Gschäftsma geit dä nämlich über Liiche, seit dr Hans gäng. Do wüssti är gnue Bischpüu.

Aber i säg em de, verzöu mr nüt. I wott gar nid aues wüsse. S Gerda tuet mr süsch z fescht leid. Hoffentlich liggt das nid einisch tod i dämm Huus inne, wenn i am Fritig go go putze. Das wär mr de no es Gschänk. Dr Hans würd de villecht nume säge, jetz hesch d Bescherig. I ha dr scho lang gseit, söusch ufhöre mit dere Putzerei. Aber bis zum Jubiläum machi jetze sowiso no, und nächhär wärs ou kei Aschtang, churz drüberabe grad ufzhöre.

Wenn s Gerda s Nüischte wüsst, was me vom Daniele verzöut. Hoffentlich vernimmts es nit. Süsch grämt äs sich wider fasch z Tod.

Das wär jo scho dr Gipfu, wenn das schtimmti.

Mir hets s Gabi chürzlich avertrout. Äs het gseit, nume dr Claudio und äs sige informiert. Si sägi ou em Tanja nüt. Wenn das es Glas Wi trunke heig, verzöus äs süsch de Lüt i sim Tenniscenter.

Das Rosetta mues schon es richtigs Soumönsch si. S Gabi het grännet, wos mr het verzöut, wie das dr Daniele usnähmi.

Das Meitli verchehri im Drogemilieu. S Gabi meint, die Lüt heige das Rosetta bewusst uf e Daniele agsetzt, für ne finanziell usznäh.

Dr Papa isch so dumm, und git em aues, was äs wott, het s Gabi gseit.

E Buechhauter het de dr Claudio druf ufmerksam

gmacht. Är het em gseit, är heig scho paar Mou beobachtet, dass me die Rosetta mit Kollege bim Daniele im Büro gseh heig. Das sige aues Lüt, wo do i dr Region e Roue schpili i dr Drogeszene.

S Gabi het gseit, äs schämi sich für e Papa. Dä heig es grosses Gschäft ufbouet, und jetze müessi uf son e himmutruurigi Art und Wiis aues kaputt go. Und de machi är sich mit dämm Punkgirl erscht no vor aune Lüt lächerlich.

Dr Claudio nimmt jetze das Züg i d Hang. Villecht isch är jo vorauem wägedämm wider einisch heicho.

Är het en Awaut beuftreit, dere Sach nochezgo. Wahrschinlich mues dänk de ou no d Polizei igschautet wärde. S Gabi het gseit, dä Buechhauter meini nämlich, die Clique mit dere Rosetta heig dr Papa sicher ou scho erpresst.

Wär weiss, was do no aues uschunnt, het dr Hans gseit. Villecht hocket de dr Daniele i dr Chischte, wenn mir das Jubiläum fiire.

S Gabi liidet äuä mängisch meh aus me meint a sim Papa. Dä Daniele macht haut gäng öppis Verruckts.

Aber i ha dr Idruck, das Gabi nähmi ou süsch aues eso schwär. Mängisch dunkts mi, äs liidi am ganze Eländ, wo uf dr Wäut passiert.

Dr Hans meint, äs dänki sich vüu z vüu i sini Schüeuer ine. Das sigi fasch nit normau, wie sich das Gabi gäng um aui kümmeri.

Villecht machts das, wüus säuber kei Familie het. I weiss es nit.

S Gabi seit gäng, üs fähli eifach e grosse Mönsch, e Füerer, wo de Lüt würdi bibringe, für was dass mir eigentlich z läbe hätte.

Settigi Idee gfaue mir gar nit, het dr Hans gseit. Ihm bruchi äuä eine cho säge, für was dass är müessi läbe. Är gloubi, das Gabi sigi villecht sogar inere Sekte. Das redi nämlich mängisch afe echlei komisch.

Äs het üs einisch uf ene Füum ufmerksam gmacht, wo de am Färnseh cho isch.

Dä Füum zeigt, wie d Tibeter dr nüii geischtlich Füerer beschtimme, wenn dr aut gschtorbe isch, het s Gabi gseit.

Mir hei de gluegt. E Mönch in Trance het nume eso komischi Lut vo sich gä, aber disi Mönche hei glich verschtange, was är i sim Zueschtang het gmeint.

I luege dä Füum nume am Gabi z lieb, het dr Hans gseit, aber eigentlich eklet mi die Schpinnerei a.

Dä Mönch het de disne genau chönne säge, wo dr verschtorbnig Abt wider gebore worde isch.

De si die Mönche uf Esle zumene Buurehuus gritte. Dört het e zwöi oder drüjährige Bueb gläbt. Dämm hei si Gägeschtänd zeigt, wo am verschtorbnig Abt ghört hei. Wo se dä Bueb het gno, isch das für die Mönche dr Bewis gsi, dass är dr aut Abt i dr nüie Inkarnation isch.

I ha zum Hans gseit, das isch jo kriminell. Das darf

doch nit wohr si, dass die jetze dä Bueb mitnäh. Dr Hans het sich ou furchtbar ufgregt. Är het gseit, das säg är auso am Gabi, dass ihn dä Füum totau abgschtosse heig.

Die Mönche hei de tatsächlich dä arm Bueb aus nüiie Abt ikleidet. D Öutere hei sich gar nit getrout z wehre. Im Gägeteil, die Mönche hei die so bearbeitet, dass si no schtouz gsi si, dä Bueb furtzgä.

Drfür hei si aune Familiemitglieder es wisses Tuech ume Haus gleit. Dr Bueb hei si mit emene schöne Huet uf em Chopf uf ene Esu gsetzt. Und de het me gseh, wie die Gruppe zum Chloschter zrugg gritte isch.

Dä Bueb gseht dänk sini Öutere nie meh i sim ganze Läbe.

S Gabi söu mir nit no einisch so öppis empfähle. Mir do in Europa bruche äuä eso geischtlichi Füerer, het dr Hans gseit. Es söue aui säuber wüsse, was Aschtang isch. Mir hei niemer nötig, wo üs zeigt, wos düregeit.

I ha mr de ou Gedanke gmacht wägem Gabi. I ha dänkt, hoffentlich verzöuts em Michel nit z vüu eso komischs Züg. Das isch schliesslich e junge Mönsch, und är wär de villecht schnäu mou befrömdet vo so Hokuspokus.

Am Fridli Alois dörfe mr nit vergässe, z gratuliere zum Erfoug, won är a dr «Seeländische Tubeusschtöuig» gha het.

Bi de Jungtier het är die schönschti männlichi Tube gschtöut. I dr Zitig hets gheisse, das sig es richtigs Prachtstier.

Villecht isch är nit guet zwäg, dass me ne nie het gseh i de letschte Tag.

Dr Hans seit gäng, vor Lüt wie dämm Alois heig är die gröschti Achtig. Dä heig immer schtüu für sich gläbt mit sir Familie. Nie heig me öppis ghört über dä Alois, wo nid i dr Ornig gsi wär. Und aus Nochber sig är ou gäng en agnähme Mönsch gsi. Nie ufdringlich, aber gäng heig är e Momänt Zit gha zum Brichte.

Dr Hans sött em villecht mit ere Fläsche Wi go gratuliere. Das wär sicher nid übertribe, wenn me dänkt, was dä sit 35 Johr für ne Arbeit het gha mit dene Tube.

Scho während em Chrieg isch är bi de Brieftübeler gsi. Nächhär het är sich für nes Zitli nümme mit ne befasst.

Die Alarmalag, wo dr Alois het erfunge, isch i dr Schwiz und in Dütschland einmalig, het dr Hans gseit.

Dr Alois het nämlich eso ne Alag mit Fotozäue bouet, wo klingelet, wenn e Tube vomene Wettflug zruggchunnt und i Schlag ineschpringt. Die Alag isch e grossi Erliechterig, wüu de dr Alois nümme schtungelang mues i Himmu ufelueg, öb die Tube ändlich uftouchi.

S isch schad, dass im Winter d Griffvögu gäng wie meh Jungtube wäggfrässe.

Dr Alois het gseit, är ziehi jedes Johr füfzg Tube uf, aber es sige nume ganz weni, wo so wit chömi, dass si chönni Wettkämpf beschtritte.

Im Februar fot aube die Zuchtsaison a, und im Merz s Training für d Flugtube.

Im Merz, wenn de das Firmejubiläum sött über d Bühni go.

Dr Alois het einisch gseit, äs sigi guet, dass me nit wüssi, wieso d Tube dr Heiwäg so guet fingi. Das machi s Tübele jo nume no intressanter.

Dr Hans het denn zum Alois gmacht, jo d Brieftube, die wüsse haut, wo si aneghöre. Für die muesch nid Angscht ha, si landi imene frömde Schlag.

I hoffe, dr Daniele sig de mit üsne Vorschleg iverschtange. Das git es wunderbars Fescht. I gloube, dr Hans fröit sich nämlich im Gheime ou echlei. Öppen einisch ischs doch schön, wenn öppis Bsungers passiert. I fröie mi uf jede Fau jetze scho.

Mis sidige blaue Deux-pièces han i jo sit em Nicolas sim Hochzit nie meh agha, so weni wie die höche Pumps, wo drzue passe.

Die guudigi Chötti, wo mr dr Hans zum drissgischt Hochzitstag gschänkt het, legg i de ou wider mou a.

I nime a, me schtigt de uf em Dorfplatz i d Car.

Es paar Lüt wärde de villecht schtuune hinger de Vorhängli, wenn si gseh, wär do aus ischtigt.

Villecht fahre mr de uf Bärn. Eigentlich wär das

glich no ne gueti Lösig mit dämm Gurte, de hätt me nämlich ou no chlei Bewegig, bevor de das schtungelange Programm ablouft.

Ei Idee darf i bi dr nöchschte Beschprächig nit vergässe vorzschlo. Die isch mr jetze grad cho, wüu i einisch am Färnseh e Ball mit em Reagan und dr Nancy gseh ha.

Die Gescht si denn nämlich mitts dür die Haue Schpalier gschtange. De isch dr Reagen mit dr Frou a dr Hang dür die Gass gloffe. D Lüt hei klatschet, und si zwöi, wo me het gfiiret, hei glächlet und gwunke.

So schtöu i mir dr Izug vom Gerda und em Daniele ou vor. Verdient hättes bedi, dass me se bi dere Glägeheit härzlich ehrt und fiiret.

D Nancy het denn e schöne rote Mantu agha. Das chiem am Gerda ou nit schlächt. E rote Mantu würd nämlich guet zu sine wisse Hoor passe.

Am Daniele chiem e dunkublaue Azug guet zu sir brune Huut und de immer no schwarze Hoor.

Und de wärs schön, wenn die zwöi dür dä ganz Schpalier vo Gescht würde e Wauzer tanze.

Am beschte villecht dr Schneewauzer.

Bibliographie Ernst Burren

Bücher:
1970	derfür und derwider	Mundartgedichte
1971	Scho wider Sunndig	Mundartgeschichten
1973	um jede priis	Mundartgedichte
1974	Schueukommission	Zwei Hörspiele und ein Theaterstück
1974	I Waud go Fahne schwinge	Mundartgeschichten
1976	Dr Schtammgascht	Mundarterzählung
1977	S chürzere Bei	Mundartgedichte und -geschichten
1979	Dr Zang im Pfirsich	Mundartgeschichten
1980	Begonie und Schtifmüetterli	Mundarterzählung
1982	Am Evelin si Baschter	Mundartgeschichten
1984	Näschtwermi	Mundarterzählung
1985	Schtoh oder hocke	Mundartgedichte
1987	Chueggloggeglüt	Mundarterzählung
1987	Dr Schtammgascht/Begonie und Schtifmüetterli	Sonderband
1989	Rio Negro	Mundarterzählung
1990	Schneewauzer	Mundarterzählung

Hörspiele:
1972	Schueukommission	Radio Bern
1973	S Tante Marie	Radio Basel
1975	Chauti Suppe	Radio Bern
1980	Begonie und Schtifmüetterli	Radio Bern
1987	Chueggloggeglüt	Radio Bern

Theaterfassungen:
1972	So ein Tag	Städtebundtheater
1979	Dr Zang im Pfirsich	Zähringer Theater
1983	Nüt aus vom Tod	Zähringer Theater
1985	Dr Schtammgascht	Stadttheater Konstanz
1987	Szenen	Winznau
1990	Iladig	Claque Baden